RESISTENCIA MENTAL PARA ATLETAS

CÓMO LOS ATLETAS PROFESIONALES ENTRENAN SU MENTE PARA GANAR EL JUEGO ANTES DE QUE COMIENCE

J.J. MILLION

ÍNDICE

Introducción	vii
1. TODO ESTÁ EN TU CABEZA	1
Definamos la Mentalidad	3
¿Por qué es tan importante tu mentalidad?	6
Autoestima	7
Perspectiva	8
Aprovecha el impulso	8
Enfrentar la Adversidad	9
Lograr el Objetivo	10
Mentalidad Flexible en los Deportes	11
La psicología de la motivación	15
Teoría de la Motivación Instintiva	16
Teoría del impulso	17
Teoría de la Activación	18
Teoría Humanista	19
Teoría de la expectativa	22
Comienza con Pequeños Pasos	26
Confía en tu visión, confía en tus instintos	27
Tomar Acción	28
Ejercicios Interactivos	29
2. DONDE VA LA MENTE, SIGUE EL CUERPO	32
El poder de la visualización	34
Cómo mejora el rendimiento deportivo	38
Construyendo la Fortaleza Mental	40
Cinco consejos para visualizar como un atleta olímpico	42
Saber lo que quieres	43
Mantenerlo específico	44
Usa Imágenes	44
No Olvides Practicar	44

Combina la Visualización con el Entrenamiento	45
Ejercicios Interactivos	45
3. MANEJANDO LA ANSIEDAD EN EL DEPORTE	48
4. CREENCIA EN UNO MISMO Y RESILIENCIA	69
5. CONVIRTIÉNDOSE EN UNA PERSONA EMOCIONALMENTE INTELIGENTE	83
6. TU OPORTUNIDAD DE INSPIRAR A ALGUIEN MÁS.	92
7. FUERTE COMO EL ACERO	94
8. ENFRENTANDO TUS MIEDOS	99
9. ERRORES COMUNES QUE COMETEN LOS ATLETAS	110
Postfacio	115
10. ES HORA DE PASAR EL TESTIGO	119
Bibliografía	121

© Derechos de autor 2022 - Todos los derechos reservados.

El contenido contenido en este libro no puede ser reproducido, duplicado o transmitido sin permiso escrito directo del autor o del editor.

En ningún caso se responsabilizará al editor o autor de ningún daño, reparación o pérdida monetaria debido a la información contenida en este libro, ya sea directa o indirectamente.

Aviso Legal:

Este libro está protegido por derechos de autor. Solo es para uso personal. No puede modificar, distribuir, vender, utilizar, citar o parafrasear ninguna parte o contenido dentro de este libro sin el consentimiento del autor o del editor.

Aviso de responsabilidad:

Tenga en cuenta que la información contenida en este documento es solo para fines educativos y de entretenimiento. Se ha hecho todo el esfuerzo para presentar información precisa, actualizada, confiable y completa. No se declaran ni se implican garantías de ningún tipo. Los lectores reconocen que el autor no está involucrado en la prestación de asesoramiento legal, financiero, médico o profesional. El contenido de este libro se ha derivado de diversas fuentes. Consulte a un profesional con licencia antes de intentar cualquier técnica descrita en este libro.

Al leer este documento, el lector acepta que en ningún caso el autor es responsable de ninguna pérdida, directa o indirecta, que se incurra como resultado del uso de la información contenida en este documento, incluidos, entre otros, errores, omisiones o inexactitudes.

INTRODUCCIÓN

"Imposible" es solo una gran palabra lanzada por hombres pequeños que encuentran más fácil vivir en el mundo que se les ha dado que explorar el poder que tienen para cambiarlo. "Imposible" no es un hecho. Es una opinión. "Imposible" no es una declaración. Es un desafío. "Imposible" es potencial. "Imposible" es temporal. "Imposible" no es nada.

— MUHAMMAD ALI

Mi historia corriendo comenzó antes de mi matrimonio, cuando tenía 30 años. Como cualquier hombre con barriga, quería estar delgado para la boda. Le pedí a mi sastre que me hiciera un traje dos tallas más pequeño y decidí intentar entrar en él.

Como cualquier atleta amateur, el comienzo fue difícil, especialmente con mi forma de ser y la mentalidad que llevaba entonces. Al principio, yo era mi peor enemigo.

Introducción

Minando mis posibilidades de éxito al establecer metas irreales y decepcionarme a mí mismo cuando (lógicamente) no las cumplía.

Un hombre de 30 años que comienza en esta disciplina debe aprender a caminar antes de correr. Retroceder el camino progresivamente con metas realistas, concretas y, sobre todo, a corto plazo. ¿Me gustaría correr el Maratón de Nueva York? Sí. Pero no podía hacerlo. Aún no.

La boda estaba a seis meses de distancia y estaba seguro de que un poco de actividad física y cuidar mis comidas sería suficiente para cumplir mis expectativas.

Encontré un parque cerca de mi casa y empecé a caminar.

El circuito se extendía, de principio a fin, por tres millas. Parecía una distancia razonable, que me llevaba alrededor de una hora completar a paso de hombre. Sin saberlo, un cambio significativo en mi vida comenzó a tomar forma.

Al principio, iba dos veces por semana, y caminar todo el circuito me llevaba alrededor de una hora. Luego, cuando sabía poco, agregué otro día de entrenamiento. Así pasaron los primeros meses, que suelen ser muy positivos. En mi caso, al menos, ese enemigo rara vez me atacaba al principio del cambio.

Si me sucedía, y lo notaba claramente, que a veces bajaba un poco el tiempo que cubría esas tres millas y me llenaba de entusiasmo. Pero en cuanto ese tiempo subía de nuevo, por cualquier razón, era invadido por una profunda decepción.

Hasta ese momento, había practicado innumerables

deportes a lo largo de toda mi vida. Judo cuando era niño en la escuela secundaria. Luego, en la escuela secundaria, me dediqué a jugar al fútbol, solo para descubrir mis propias limitaciones con la práctica de este deporte. Lo mismo me sucedió con el baloncesto, el gimnasio y las rutinas de levantamiento de pesas.

Cada vez que sentía que estaba haciendo algún progreso, perdía impulso, deseo y entusiasmo si no se sostenía en el tiempo. Todo ese entusiasmo, esa motivación, ese deseo de mejorar, desaparecía de un día para otro.

Salir a correr cambió algunos malos hábitos mentales en mi vida; sin embargo, aún no sé si correr fue la disciplina que me cambió... O si ya había cambiado sin darme cuenta cuando empecé.

La rutina era más o menos la misma. Iba y corría el mismo recorrido, una y otra vez, cada semana. La misma distancia exacta en el mismo tiempo (con unos pocos segundos de diferencia). Hasta que una noche en particular ocurrió un momento que cambió mi vida.

Estaba corriendo con un amigo y llegamos a un cruce. El circuito continuaba a nuestra derecha, emprendiendo la última sección de esas tres millas. Durante meses habíamos hecho esto sin cambios ni modificaciones en la ruta. Así que esa noche intenté girar a la derecha, pero mi amigo siguió recto.

Ignoró completamente el curso y lo extendió sin consultarme. Nunca había corrido más de tres millas en mi vida. Era mi límite, mi número mágico. No solo nunca lo había logrado, sino que la posibilidad de lograrlo, de superar esa distancia, nunca cruzó por mi mente.

Mi amigo me miró mientras evitaba esa curva, como si me estuviera invitando a seguir su ejemplo. Recuerdo perfectamente mi reacción de incredulidad e inseguridad instantáneas. Salí de mi zona de confort, del camino que conocía como la palma de mi mano. Conocía sus agujeros en la acera, los azulejos sueltos y aquellos que se levantaban debido a las raíces de los árboles que brotaban.

Circulamos por este desvío y regresamos al camino original, más adelante en la carretera. Cuando terminamos la carrera, la distancia final marcó 1,25 millas más en el reloj. Había superado un límite autoimpuesto por primera vez en mi vida.

La desviación de mi amigo, algo tan simple como eso, fue una epifanía para mí. Una verdad revelada que él me demostró irrefutablemente que podía dar más. Que nadie conocía mis límites, ni siquiera yo.

A partir de ese momento, me dejé ir. Mi cabeza cambió. Corría de manera diferente, me sentía mejor. Me quité una mochila pesada y gané confianza. Fue la primera vez en mi vida que me sentí realmente capaz de algo nuevo. Fue la primera vez que me sentí completo.

No pasó un mes para que rompiera ese récord personal de nuevo. La segunda vez, estaba solo. Ya no necesitaba que mi amigo me tendiera la mano e me invitara a mejorar.

Comprendí que podía hacerlo sin ayuda. Y así comenzó un camino de auto-superación, que les contaré mientras veamos los diferentes temas de este libro.

Introducción

Aprenderemos conceptos esenciales de psicología deportiva y paso a paso propondremos estrategias superiores para que puedan cumplir sus objetivos.

Si estás leyendo esto, lo más probable es que practiques algún deporte y quieras ser mejor en él. Dejando la vida en cada momento, entregándote por completo y abrazando los resultados, sean buenos o malos.

Si estás leyendo esto, has tenido momentos como el que te conté, donde el gran adversario a vencer es uno mismo.

Independientemente del deporte que practiques, ya sea individual o en equipo, nuestra disposición mental al campo de juego es fundamental. La mentalidad correcta puede construir carreras enteras, atletas exitosos y logros deportivos excepcionales.

Por el contrario, una mentalidad deficiente al practicar cualquier disciplina deportiva será (sin duda) perjudicial. Este es un hecho científicamente comprobado y repetido hasta el hartazgo por atletas y deportistas de clase mundial, estrellas en sus respectivos deportes. Por sus objetivos, por su espíritu y por su salud mental.

Veremos diferentes formas de que nuestras mentes estén en sintonía con nosotros a lo largo de esta escritura. Enfrentaremos nuestros miedos e inseguridades con la firme convicción de que son necesarios. Añaden valor a nuestras victorias y nos enseñan sobre nuestras derrotas, pero de ninguna manera deben ser los conductores del barco.

Nuestros miedos e inseguridades serán accesorios. Satélites del plan mayor.

Te invito a volver a las palabras que comienzan esta

Introducción

breve introducción. Lee la cita, analiza cada palabra. Cada concepto. Es hermoso. ¿Verdad?

Piensa en lo imposible como una invención de aquellos que carecen del coraje para trascender. Hombres y mujeres pequeños, controlados por el miedo, se mantienen en esa posición cómoda, creyendo que no pueden ser superados. No tienen el poder.

Piensa en la palabra imposible como una opinión, no como un hecho. Como algo totalmente relativo y personal. Propio de cada ser humano. Habrá quienes sientan que es como un hecho, sin lograr romper la barrera del miedo.

Mientras tanto, aquellos que manejan lo imposible como una opinión podrán darle la entidad que le corresponde y seguir sus caminos según dicte su corazón.

Considera el concepto de lo imposible como un desafío para alcanzarlo. Como un mercado potencial para enseñanzas, moralejas y nuevos retos. Como una idea temporal, como una fantasía que desaparece cuando se cumple.

Y eso nos invita a contemplar que nada es imposible si nuestra mente, cuerpo y corazón están alineados con nuestras metas. Debe ser una alineación sincera que crezca desde lo más profundo de nuestro ser y nos transforme estructuralmente.

¿Lo sientes? ¿Lo percibes? ¡Vamos por ello!

1
TODO ESTÁ EN TU CABEZA

¿Qué te parece si menciono el nombre de George Clooney? Seguramente la primera imagen que viene a la mente es la de un exitoso actor de Hollywood. Talentoso, encantador, carismático, incluso millonario. Un ejemplo a seguir por aquellos que quieren triunfar en sus respectivas actividades.

Esta imagen que Clooney proyecta es solo una parte de su vida. Una porción de su historia y las experiencias que vivió. Es la parte final que lo muestra como un hombre ya consagrado. No negaré que sirve como fuente de inspiración, como un faro que motiva su impulso hacia el éxito.

Sin embargo, su éxito es solo una parte de su historia. Solo un recorte parcial de su vida nos dice que debe haber algo detrás. En un momento de su vida, se declaró a sí mismo como la piedra angular del inicio de su carrera. Clooney no nació exitoso, talentoso o millonario.

Antes de considerar siquiera convertirse en actor, George soñaba con ser un jugador de béisbol, como la mayoría de los niños en su Kentucky natal. Solía ir al Great American Ball Park (hogar de los Cincinnati Reds) con sus amigos y juntos entraban al estadio para ver los juegos.

Allí, con la vista del río Ohio dibujando el paisaje en el fondo, Clooney intentó convertirse en un jugador de béisbol, haciendo las pruebas para unirse al equipo profesional de béisbol de los Rojos. En ese momento, tenía 16 años y se enfrentó a jóvenes adultos más fuertes, talentosos y experimentados en sus pruebas, quienes lo vencieron fácilmente. Esto representó un gran shock para él y su familia. Todos estaban convencidos de que su camino en la vida sería convertirse en un jugador de béisbol profesional. Sin embargo, no lo logró.

A los 18 años, Clooney se encontró reconsiderando toda su vida. Pasó por dos universidades para estudiar periodismo y no logró graduarse. Finalmente, entendió que tenía que empezar a trabajar. ¿Qué hacer a partir de ese momento si el destino ya había rechazado su mayor deseo?

Durante esos años, entre los 18 y los 21, Clooney tuvo varios trabajos. Trabajó como camarero y vendedor ambulante. Durante un tiempo, vendió zapatos de mujer y trajes de hombre. Incluso trabajó durante unos meses como albañil. Todo esto sin considerar seriamente dedicarse a la actuación.

Cuando entendió que quería ser actor, pasó años luchando por conseguir una oportunidad. Fueron años dolorosos en los que se enfrentó (como la gran mayoría de los actores) al rechazo constante del mercado de audiciones.

Cuando se cansó de la negatividad del negocio y comprendió que, si seguía haciendo lo mismo, los resultados no cambiarían, tomó el control de la situación. Decidió llamar a otras agencias más grandes, haciéndose pasar por representante. Una vez que se puso en contacto con ellas, empezó a venderse. Hablaba de este chico, un nuevo talento buscando trabajo en el negocio. Un tipo llamado Clooney. Que lo noten. No consiguió trabajo de esta manera, pero sí muchas audiciones.

Decidió dejar de quejarse de las oportunidades que no surgían y tomó las riendas de su carrera.

Hubo tantas respuestas negativas que aprendió a valorarlas. A convivir con ellas y a fortalecerse a través del rechazo. Su primer gran oportunidad llegaría en 1984, a los 23 años. Su primer trabajo fue en ER. El resto es historia.

Definamos la Mentalidad

Podemos definir la mentalidad como el conjunto de pensamientos, creencias y actitudes que determinan cómo una persona vive su vida. Si el cerebro humano es un ordenador, la mentalidad es el sistema operativo que lo controla.

Determina nuestras ideas, cómo actuamos y percibimos los resultados de nuestras acciones y cómo lidiamos con las consecuencias de nuestro comportamiento. En términos básicos, la mentalidad es la mentalidad con la que nos movemos por la vida.

Gracias a los estudios realizados por la Dra. Carol Dweck (psicóloga y profesora de la Universidad de Stanford) en el campo de la motivación y el desarrollo de personalidades en jóvenes de escuela primaria, se pueden separar en dos tipos de mentalidades o mentalidades: fija y de crecimiento.

La mentalidad fija ocurre cuando las personas piensan que el talento es innato y que la inteligencia como cualidad es suficiente para tener éxito en la vida. De esta manera, consideran que las calificaciones humanas son rasgos fijos y, por lo tanto, no se pueden cambiar, perder ni adquirir.

Según Dweck, en una mentalidad fija, pasan el tiempo de sus vidas documentando su inteligencia en lugar de desarrollarla. Creen que a través del talento, se puede sobrevivir sin esfuerzo.

Este tipo de personas tiende a preocuparse por parecer inteligentes ante los demás, con una actitud poco receptiva a la crítica (incluso si es constructiva). Se sienten disminuidas cuando personas cercanas logran sus objetivos, exhiben comportamientos sospechosos y muestran claros signos de inseguridad.

A pesar de saber (o creer) que son inteligentes, ese sentimiento de inseguridad interna en sus corazones les impide asumir nuevos desafíos. Constantemente evitan los desafíos, y si logran salir de su zona de confort, generalmente abandonan la idea al primer obstáculo.

Son personas que buscan la perfección, convencidas de que es una posibilidad definitiva, sin entender que es un concepto tan abstracto como imposible. Nadie será perfecto.

Por el contrario, aquellos con una mentalidad de crecimiento están comprometidos a superar sus metas y cumplir sus objetivos a través del esfuerzo y la dedicación. Tienen una mentalidad que significa poner la voluntad por encima de todo como un acto esencial para satisfacer sus deseos y cumplir sus ambiciones.

Estas personas conciben el conjunto de habilidades como un conjunto dinámico, en constante cambio y movimiento de talentos. Creen que pueden mejorar cualquiera de sus habilidades a través del esfuerzo y la práctica. Afrontan sus objetivos sin excusas y caminan constantemente por el camino que los acerca a ellos.

Veremos, a lo largo del libro, cómo esta mentalidad sigue apareciendo. Eso se debe a que es la que todos queremos incorporar en nuestras vidas, y la que comparten gran parte de los deportistas de alto nivel.

Son aquellos que entienden el aprendizaje como un proceso que requiere tiempo, esfuerzo y sacrificio. Consideran que el error es una parte intrínseca relacionada con el arte de aprender y mejorar. Saben que a través de ellos podrán enriquecer su experiencia.

Por esta razón, también son personas que aceptan los desafíos que la vida presenta y se desafían a sí mismos. Salen de su zona de confort para aprender cosas nuevas, inspirados por el éxito de los demás. También son receptivos y aprecian la crítica constructiva, que consideran parte del proceso de aprendizaje descrito anteriormente.

La verdad es que todos somos una mezcla de mentalidades fijas y de crecimiento. Quizás en algunas áreas de nuestras vidas, somos más abiertos a la idea de crecimiento, más receptivos y audaces. Mientras que en otros aspectos o momentos, las características de la mentalidad fija están presentes. Será esencial afrontar estos momentos, reconocer lo que desencadena la mentalidad fija, entenderla y actuar en consecuencia.

¿Por qué es tan importante tu mentalidad?

La mentalidad con la que uno aborda cada minuto es fundamental para el éxito. Es un factor esencial que influye (directa o indirectamente) en todos los aspectos de la vida, tanto personales como profesionales. Por lo tanto, será crucial entender qué mentalidad es positiva para nosotros y cuál no lo es.

Esa decisión tendrá que ver con nuestro carácter y personalidad. Incorporar una mentalidad flexible en nuestras vidas será un ingrediente crucial para el progreso correcto en los proyectos que decidamos emprender.

La mentalidad correcta es la gran diferencia entre aquellos que prosperan en la vida y aquellos que no lo hacen. Será la primera variable a considerar al emprender proyectos, establecer objetivos y aspirar al éxito.

Si tienes una idea y quieres consolidarla o ponerla en práctica, debes dominar esa mentalidad. Haz que sea parte de tu vida. A continuación, veremos diferentes áreas donde una buena mentalidad influye directamente.

Autoestima

La correcta programación de tu mentalidad tendrá efectos positivos instantáneos en tu mente y en tu corazón. El primero, el que se evidencia casi de forma automática, es la mejora de la autoestima.

Una mentalidad flexible con buena autoestima te permitirá considerarte capaz de alcanzar cualquier objetivo que te propongas. Tu mente se enfoca en lo que necesitas para cumplir tus metas y deja de lado las opiniones de los demás. Tiene que ver con cómo nos percibimos a nosotros mismos, cómo ponemos a prueba nuestro valor y lo que nos decimos en esa conversación interna que construye la visión integral de nuestro ser.

Todos tenemos una opinión formada sobre nosotros mismos. He analizado lo que pensaría de mí mismo más de una vez si fuera un tercero. Si pudiera cambiar mi perspectiva y verme desde fuera. En mi caso, dependiendo del día y del humor, la respuesta puede variar. Pero no tanto. Siempre dentro de márgenes saludables.

En general, la autoestima saludable y una mentalidad positiva son dos caras de la misma moneda. Son dos aspectos correlativos entre sí. En este caso, la actitud debe concebirse como una herramienta. Tenemos un recurso para allanar el camino que nos dirige hacia nuestros proyectos y sueños.

Tenemos que entender que somos responsables de nosotros mismos, de nuestras mentes y de cómo organizamos nuestro conjunto de comportamientos a través de ella.

Recuerda que no somos lo que decimos, sino lo que hacemos.

Perspectiva

La perspectiva es una parte esencial de cómo nos percibimos a nosotros mismos. Es una cualidad valiosa para construir un camino firme hacia el éxito. Tiene que ver con cómo leemos las cosas que nos suceden en la vida y su efecto en nuestras mentes. La perspectiva correcta puede ayudar a desdramatizar situaciones difíciles y hacerlas menos importantes. Sin embargo, debe ser usada de manera responsable y alimentada con una mentalidad positiva.

Será decisivo procesar la información y las experiencias de nuestra vida cotidiana de manera saludable y ordenada. Aprender a jugar inteligentemente con las cartas que nos ofrece el mundo que nos rodea. Construir una mentalidad optimista aumenta las posibilidades de tener éxito en lo que nos proponemos, formulando una perspectiva positiva para enfrentar proyectos a largo plazo.

Aprovecha el impulso

Cuando definimos una meta importante para nuestras vidas, el primer gran paso es avanzar hacia ella. Esa determinación que uno adopta para cumplir sus objetivos incluye el proceso de comprometerse de manera sostenida a través del arte de ejercer la voluntad y el esfuerzo. Es a través del impulso que se hace progreso. Y aunque es natural que, en ocasiones, la motivación disminuya y algunas estructuras se tambaleen, si uno tiene claro el objetivo y el impulso es suficiente, entonces la probabilidad de éxito será mayor.

Conducir ese impulso correctamente, y canalizarlo positivamente para enfocar los esfuerzos y reforzar el compromiso, es clave para el éxito. Un impulso bien dirigido te permitirá mantener la motivación y sostener el esfuerzo en el tiempo.

Enfrentar la Adversidad

Las adversidades son una parte inherente del proceso humano. Cada camino y objetivo que te propongas vendrá con su parte de dificultades, y adoptar una mentalidad positiva es esencial para superarlas.

Para las mentalidades flexibles, superar esos momentos difíciles será sinónimo de aprendizaje. Quien vea el vaso medio lleno y pueda interpretar positivamente los eventos y sucesos que se le presenten, tendrá mayores posibilidades de sostener el esfuerzo y cumplir sus objetivos.

Está claro que cuando algo falla, surgen sentimientos de negatividad. Aquellos que son más suaves de problemas mentales sentirán la necesidad de tirar la toalla, abandonar y salir de la carrera.

Sin embargo, los optimistas lo verán de manera diferente. Para ellos, las adversidades son momentos únicos e irrepetibles que enriquecen la experiencia de aprendizaje.

Gracias a una mentalidad positiva, podrás asimilar el golpe, sentirlo y sufrirlo (porque, al fin y al cabo, somos seres humanos) y seguir adelante. Con la dureza de haber sido fortalecido, la convicción renovada y la enseñanza correspondiente para enfrentar los desafíos. Con la cabeza en alto y el paso aún seguro.

Lograr el Objetivo

Como hemos visto, establecer metas es un proceso que implica muchas variables. Para empezar, definir la idea con la seguridad necesaria para saber que es realmente lo que queremos lograr. Luego, el impulso y la toma de decisiones activan la marcha en el camino previamente trazado. Esa marcha se obtiene a través de la seguridad y la motivación personal.

Una vez que comiences a recorrer tu camino hacia tu objetivo, debes tener la voluntad de sostener el esfuerzo en el tiempo y la valentía para superar la adversidad. Debes armarte con tus fortalezas, hacer un punto de apoyo en aquellos aspectos de tu vida que te son más favorables y hacer un esfuerzo.

Construir una mentalidad adecuada que te permita superar los malos momentos y no perder el impulso que has adquirido hasta ese momento.

Debes ejercitar tu valentía, conocer los sacrificios por delante y superar los obstáculos hasta el momento del éxito, el momento del logro.

A partir de ese momento, cuando alcanzas tu objetivo, puedes sentirte satisfecho de haberlo logrado. Este es el indicador, el final del camino. Después, vendrán tiempos de análisis reflexivo.

Comienza entonces un período en el que, con el objetivo en tu bolsillo, podrás analizar seriamente el camino recorrido, tus virtudes y defectos, tus éxitos y errores. Podrás equilibrar el costo y el beneficio de dicho objetivo, lo que la experiencia generó internamente y qué enseñanza te dejó.

Si te consideras listo para emprender tu camino y tienes estos pasos en mente, entonces incorpore una actitud positiva y hazlo.

Mentalidad Flexible en los Deportes

Si un atleta llega a destacarse por encima del resto, en cualquier disciplina, ese ascenso no solo tuvo que ver con su talento y cualidades innatas, sino que gran parte de ese proceso es mental.

La mayoría de los deportistas de alto rendimiento tienen una mentalidad flexible, lo que les permite un crecimiento y aprendizaje constantes. Son profesionales que comprenden plenamente sus capacidades, limitaciones y los objetivos realistas de sus respectivas actividades.

Son perfeccionistas, detallistas y meticulosos en su entrenamiento. Sirven de inspiración para sus compañeros de equipo. Les invitan a mejorar y maximizar su potencial, lo que será contagioso si tienen una actitud positiva. Por lo general, son los primeros en llegar y los últimos en salir de cada práctica.

Como mencionamos anteriormente, no importa el

deporte, ya sea individual o en equipo, un deportista destacado es aquel que mantiene una mentalidad positiva. Esta forma de ver las cosas, aplicada al entrenamiento y a la optimización de sus resultados dentro de la disciplina que practican, les ayuda a obtener una clara ventaja sobre los demás.

Son deportistas que tienen un control total sobre sus emociones. Saben que a través de este control, teniendo sus alegrías y tristezas bajo su radar, podrán generar cambios positivos en su cuerpo, vida y rendimiento deportivo.

Por supuesto, habrá momentos difíciles, incluso para los atletas más exitosos. Los competidores de alto rendimiento deben lidiar con lesiones, una caída en el rendimiento, la presión del entrenador y las expectativas del público. En estos casos, mantener una actitud positiva es un desafío.

Veremos algunas estrategias concretas para vencer la negatividad y adoptar una mentalidad que elimine los límites autoimpuestos.

Cuando esos momentos difíciles estén presentes, los ataques de frustración o el pesimismo se apoderen de ti, es esencial comprender que lo primero que debes hacer es cambiar tu estado de ánimo. Concéntrate en los aspectos positivos sin encapsularte en las razones deprimentes que te afectan o afectan tu rendimiento.

Cuando uno se propone un objetivo, sea cual sea, el camino hacia la meta difícilmente es impecable, no está contaminado y carece de desafíos, fracasos o adversidades. Como mencionamos antes, los obstáculos son parte del camino. Es necesario aprender de ellos y tomarlos como una parte natural.

Sin embargo, una cosa no quita la otra. Por mucho que uno tenga una mentalidad positiva, flexible y de crecimiento, los obstáculos nos afectan. No hay forma de escapar.

Podemos levantar nuestro ánimo, y para ello, las opciones son variadas y serán muy personales. Algunas personas escuchan música o salen con amigos. Apoyan sus penas allí e intentan cambiar su estado de ánimo.

Otros dedican parte de su tiempo a pasatiempos, tomar largos baños de remojo, leer un libro o jugar con sus hijos. Lo que sea que funcione para ti, lo que cambie tu mentalidad, te traiga de vuelta a la zona positiva, te haga sonreír, será válido y necesario para superar los obstáculos.

Otra opción es tomar un descanso. Esta no suele ser la primera opción para los atletas. Raramente deciden detenerse por un momento, recuperar energía y continuar. Suelen creer que el acto de frenar es contraproducente y que descansar es perder tiempo. Para ellos, disminuir la velocidad y tomar un descanso es permitir que sus competidores mejoren, lo cual es inadmisible.

Sin embargo, es esencial saber cuándo es el momento adecuado para descansar sin perder terreno ante la competencia. Puedes detenerte por un momento, repensar las cosas y volver renovado. A veces, un paso atrás es válido si significa dar dos pasos hacia adelante.

Otra estrategia productiva para superar obstáculos y mantener una actitud positiva durante el camino es el ejercicio de autoconversación. Varios estudios psicológicos han demostrado que mantener un diálogo interno constante mejora el rendimiento en diferentes disciplinas deportivas. Esta conexión con el aumento del rendimiento tiene que ver con lo que se dice y se cree. Una mentalidad en la que empiezas a creer lo que te dices a ti mismo. Y, por lo tanto, puedes lograr lo que crees.

Algunos atletas repiten mantras. Otros se concentran o visualizan a su familia y amigos. Toman cosas positivas de sus vidas y las incorporan en la dinámica del deporte que practican, para relajarse y mejorar su ánimo.

Los científicos centran sus estudios en medir los niveles de ansiedad de los atletas y cómo se sienten en cuanto a su confianza, eficacia y niveles de rendimiento. Estas conversaciones con uno mismo implican autoconocimiento, repasar un camino de desarrollo personal y profesional, y es una estrategia positiva a largo plazo. Debe incorporarse como un hábito, como algo recurrente a diario.

La idea de la visualización positiva es imaginar que estás compitiendo, ganando y haciéndolo bien. Dale tanto detalle como sea posible, y confía en que si puedes imaginarlo, puedes hacerlo. Genera expectativas positivas sobre lo que puede suceder y haz todo lo posible para cumplirlas. Los ejercicios de visualización, por ejemplo, son estrategias positivas para reducir el estrés y adoptar la mentalidad adecuada para el deporte que practicas.

La primera vez que corrí un medio maratón, recuerdo haber tenido dificultades para dormir la noche anterior. Mi mente se movía a mil por hora. Cada vez que cerraba los ojos, me imaginaba toda la ruta. Pensaba en cómo llegaría físicamente a ese punto de la carrera. Me visualizaba cruzando la línea de meta y logrando ese objetivo.

Cuando finalmente logré dormir y descansar bien la noche antes de la carrera, ya estaba mentalmente preparado para afrontar ese proyecto. La visualización previa me ayudó a relajarme y ganar confianza.

En resumen, la actitud es fundamental en el deporte. No importa la disciplina, el tipo de deporte o el nivel que practiques.

Ya seas un atleta de alto rendimiento o un aficionado, tener tu mente alineada con el objetivo y mantener una actitud positiva te dará las herramientas para mejorar, alcanzar tus metas y estar a la altura de tus expectativas.

Prueba cualquiera de estas estrategias y confía en tu habilidad y rendimiento. Una mentalidad flexible es la actitud adecuada para lograrlo.

La psicología de la motivación

La motivación explica por qué las personas comienzan, sostienen y terminan un comportamiento durante un período de tiempo determinado. Es parte del énfasis que la persona tiene para cumplir un objetivo o satisfacer una necesidad. La creación, impulso e implementación de las acciones que el sujeto cree son necesarias para alcanzar el objetivo previamente establecido dependerá de la motivación.

Es un estado personal e interno que activa, dirige y mantiene ciertos comportamientos. Los estados motivacionales tienen diferentes grados y fortalezas, dependiendo de cuánto influya la motivación en el comportamiento y los comportamientos de la persona.

Aunque los humanos y los animales pueden aplicar la motivación, la diferencia es que el ser humano actúa por razones y está comprometido con sus acciones, analizando los resultados y sosteniendo (si es necesario) los comportamientos. Por otro lado, los animales actúan instintivamente, siguiendo sus deseos.

Gracias a la motivación, el hombre avanza en sus metas. Toman decisiones, dirigen su energía y mantienen sus comportamientos. Las fuerzas detrás de la motivación pueden ser biológicas, sociales, cognitivas o emocionales. Veremos las diferentes teorías que abarcan este concepto. ¡Vamos a hacerlo!

Teoría de la Motivación Instintiva

Esta teoría contempla que los comportamientos de los seres humanos son motivados por aspectos evolutivos. El miedo, el amor, la modestia y la vergüenza son algunos factores (específicos para la supervivencia) que animan al hombre a adoptar ciertos comportamientos y mantenerlos con el tiempo.

Sin embargo, este postulado no considera el aprendizaje del hombre en el camino hacia la meta y cómo las motivaciones iniciales podrían transformarse. Supone que el hombre actúa impulsivamente y no explica completamente el comportamiento, sino que solo lo describe.

Esta teoría ha perdido terreno a lo largo de los años

desde que fue postulada en la década de 1920, aunque hoy en día algunos psicólogos todavía la estudian desde el campo de la genética y los comportamientos heredados.

Teoría del impulso

La teoría del impulso tiene que ver con el equilibrio del ser humano y el concepto de homeostasis.

Este concepto entiende que los seres humanos deben tener un cierto equilibrio. Este equilibrio les permite funcionar, entendiendo el cuerpo humano como un circuito. Comenzamos por la mañana y dormimos por la noche. Requiere energía pasar todos los días.

La motivación tiene que ver con esto. El ser humano necesita satisfacer necesidades. Tomar ciertos comportamientos y volver a recorrer un camino lo lleva a cumplir un deseo. Aliviar esa tensión interna que se genera cuando hay una necesidad.

Cuando tenemos sed, bebemos agua. Cuando tenemos hambre, comemos.

Estos tipos de motivaciones, estos impulsos más primitivos, pertenecen al orden de lo natural. Los compartimos con la gran mayoría del reino animal. La utilidad de esta teoría es que cubre todas las preguntas más básicas. Explica el motor que impulsa algunos comportamientos y da un marco teórico para la parte estrictamente biológica. Sin embargo, nuestra especie es peculiar porque no todas las motivaciones provienen de cuestiones biológicas.

¿Qué sucede cuando seguimos comiendo a pesar de no

tener hambre? ¿Qué mecanismo actúa en este caso? La verdad es que la complejidad del cuerpo humano nos obliga a considerar otras opciones también.

Teoría de la Activación

Nuestro cuerpo necesita liberar dosis de adrenalina de vez en cuando. Si haces deporte, lo sabrás. Conoces el potencial energético activado cuando esa adrenalina llega a la sangre, al corazón y al cerebro.

Esta teoría considera que las personas adoptan diferentes comportamientos para gestionar y modificar sus niveles de activación. Propone que los humanos evolucionaron para mantener un alto nivel de activación y que la motivación surge de ahí.

Según este postulado, vivir así está en nuestra naturaleza. Nuestra trayectoria evolutiva, con sus cambios y adaptaciones, nos llevó a esto. Sin embargo, no hay un nivel adecuado de activación. No es algo cuantificable.

Cada uno de nosotros tendrá nuestra medida de lo que nuestros cuerpos necesitan y demandan. Y cuando cubres esa demanda, quizás no se necesita más. Algunas personas, que viven con altos niveles de activación, a veces necesitan reducirlo. Por el contrario, aquellos con personalidades más relajadas buscarán aumentar sus niveles.

Teoría Humanista

Para explicar las motivaciones humanas, fue necesario darles un marco teórico orientado hacia lo humanístico. Explicar las razones cognitivas, que van más allá del campo fisiológico. Para hacer esto, Abraham Maslow (1908-1970) creó un sistema que ordenaba las necesidades del ser humano y explicaba qué mecanismo las motiva.

¿Cómo no hablar de Maslow? ¿Pensaste que podrías deshacerte de él? Es que su esquema de pirámide para enmarcar las necesidades humanas ilustra concretamente información que la ciencia ha intentado cuantificar durante años. Trata de darle una explicación práctica.

La idea de Maslow es que las necesidades de los seres humanos se ordenan por su complejidad y evolucionan a medida que se satisfacen. Esta teoría incorpora una escala jerárquica de necesidades y las motivaciones que impulsan el deseo de satisfacerlas.

De esta manera, hay una tendencia del ser humano hacia la salud mental. En la medida en que se satisfacen las necesidades más básicas, surgen nuevos deseos y, por lo tanto, nuevos impulsos.

Este proceso complejo responde a los diferentes niveles de necesidades, que se pueden describir en forma de pirámide de la siguiente manera: La base de todas las necesidades humanas es fisiológica. Respirar, alimentarse y reproducirse; aspectos primitivos del ser humano. Son las primeras necesidades que tuvimos como especie y permanecen sin cambios millones de años después.

Cubrir estos problemas es primordial para la supervivencia del hombre, y te sorprendería cuántas personas no logran superar ni siquiera este primer paso.

Es la piedra angular de la experiencia de estar vivo. Experimentar ese proceso de homeostasis diario del que hablamos antes, donde nuestro cuerpo, con esos requisitos básicos cubiertos, tiene suficiente energía para funcionar.

Las necesidades de seguridad son el siguiente escalón de la pirámide, justo encima de las más básicas. Maslow las describe como medidas de protección.

Él se refiere a la necesidad de tener un techo sobre nuestras cabezas y refugio contra los elementos: la necesidad de tener seguridad financiera y suficientes recursos para sobrevivir. Maslow también habla de la seguridad física, de cuidar el estado de salud del hombre.

Una vez que el ser humano ha superado adecuadamente estos dos primeros pasos, los más básicos y relacionados con su integridad física, el siguiente paso incorpora las necesidades sociales. En él, el hombre tiene la oportunidad de establecer vínculos y fortalecer sus lazos familiares.

La integración es esencial para una vida saludable, y muchas motivaciones diarias son estrictamente sociales. Adoptamos diferentes comportamientos, a menudo según hábitos y costumbres, para funcionar en la sociedad. Tanto cumplimos con las reglas establecidas como desarrollamos nuestro lado emocional.

Estas necesidades sociales (o afiliación) también implican una estructura psíquica construida durante millones de años por la evolución.

Además, no es exclusiva del ser humano. Los científicos demuestran que un inmenso número de animales (principalmente mamíferos o cetáceos) tienen estructuras sociales y familiares complejas. Animales que, en el mismo orden que el hombre, primero sobreviven, luego existen y finalmente se relacionan entre sí. Que experimentan necesidades similares y comparten estos tres primeros pasos con nosotros.

Esto también ilustra impecablemente el mecanismo de complejidad de estas necesidades a medida que se avanza en la pirámide.

El siguiente paso en esta pirámide es el reconocimiento de las necesidades. Aquí la estructura comienza a tomar algunos deseos fuertemente relacionados con nuestra especie. Aquí podemos decir que la pirámide adquiere su carácter "humanista".

Estas necesidades están relacionadas con la búsqueda de vínculos de confianza, producto de relaciones estables, a partir de las cuales el ser humano tiende a buscar reconocimiento, respeto y éxito.

¿Quién crees que es más exitoso? ¿Un atleta ganador o una buena persona? ¿Con qué conjunto de valores medimos el éxito en la vida?

Estas necesidades constituyen los aspectos psicológicos del ser humano. Satisfacerlas proporciona un valor incalculable, traducido en esos conjuntos de comportamientos que adoptamos para vivir en sociedad y vincularnos con los demás.

Finalmente, en la cima de la pirámide se encuentran las

necesidades de autorrealización. Es el área donde, con los problemas fundamentales resueltos y los lazos afectivos establecidos, podemos dar rienda suelta a nuestros deseos.

Allí, el hombre se vuelve espontáneo. El hombre se vuelve único e irrepetible. Es allí donde podemos liberarnos y comenzar a vivir lo que queremos. Cumplir nuestros deseos, establecer nuestras metas personales y luchar por ellas. Quizás sean metas profesionales, crecer en un trabajo o estudiar para obtener un título universitario.

También pueden ser personales, desde cosas cotidianas como aprender un idioma hasta aspectos infinitamente más complejos. La verdad es que este último paso, que explica las necesidades del hombre y la raíz más profunda de sus motivaciones, es clave para la adecuada salud mental de las personas. Y cuanto más nos movemos dentro de esta zona, mejor.

Teoría de la expectativa

Esta teoría contempla la capacidad del hombre de planificar el futuro como parte integral de lo que genera sus motivaciones. Sugiere que pensar en lo que sucederá y desarrollar expectativas sobre el futuro impulsa a los seres humanos a emprender. Los motiva a adoptar comportamientos que les permitan cumplir sus objetivos.

De esta manera, la teoría de la expectativa consta de tres elementos clave.

Valencia (el valor que las personas asignan al resultado potencial), instrumentalidad (si las personas creen que tienen un papel que asumir y jugar para lograr el resultado esperado) y expectativa (la creencia de que uno es capaz de generar el resultado esperado).

Cómo desarrollar una mentalidad ganadora

Existe un primer paso significativo para adquirir la mentalidad de un ganador. Algo que si no lo crees desde el primer momento, difícilmente podrás avanzar hacia esta meta. Y es pensar que no hay límites. Esta premisa debe ser incorporada con devota fe, como una palabra divina, con la dedicación total del sujeto.

Sin embargo, es esencial entender lo que queremos decir cuando decimos que no hay límites en esta mentalidad. Significa incorporar la persistencia en tu vida. Mantener el enfoque con un objetivo claro y ser implacable ante la adversidad.

Para los ganadores, ninguna excusa, contratiempo o adversidad puede detenerlos. Cuando toman una decisión y tienen algo en mente, no se detienen hasta lograrlo.

Se entiende que habrá muchas caídas, muchas. Cuando uno planea un camino, rara vez se cumple según las expectativas. Algunas cosas salen bien, otras fallan. Y es natural. Los ganadores entienden los errores como lecciones que deben aprender como parte del propio proceso de lograr el objetivo.

Pero el ganador, quien realmente adopta esta mentalidad, se levanta y continúa. De ninguna manera pierden de vista su objetivo.

Además de esta premisa inicial y fundamental, aquellos que incorporan una mentalidad ganadora en sus vidas deben resolver conflictos rápidamente. Ser conscientes de sus fallas y defectos, y asumir la responsabilidad de los problemas.

Esta mentalidad es muy dinámica y proactiva. Es fácil crear e innovar y construir nuevos caminos, aman lo desconocido y les gusta correr riesgos.

Preparan sus pasos con anticipación, piensan en ellos, los analizan y miden los posibles resultados. Son personas que preparan proyectos a medio y largo plazo, pero en términos realistas. Para ello, están listos, informados y capacitados si es necesario. Dedican cada minuto de su tiempo y cada onza de su cerebro a ello.

De hecho, hay un factor aleatorio en el arte del éxito. Una pequeña cuota de suerte que puede o no ser tenida. Sería inútil que estuvieras en el lugar y momento exactos para que algo bueno suceda si solo hay limitaciones y falta de seguridad en tu mente. Sin embargo, la preparación previa, la concentración y la mentalidad adecuada te permitirán estar más atento. Más despierto para aprovechar incluso la más mínima oportunidad.

Esto se debe a que saben lo que quieren. Es claro en su mente. Cristalino como el agua. Una mentalidad ganadora ayuda a construir un carácter fuerte, ya que su forma de reaccionar al dolor es más racional. Las metas de estas personas son tangibles, cuantificables, realistas y dentro de los escenarios esperados. Saben que en gran parte depende de ellos lograrlo, lo cual es fundamental para sus comportamientos, para la generación de motivación, de la que hablamos en el último capítulo.

Todo esto estará rodeado de empatía, cooperación y un sentido orientado al bien común sin descuidar sus intereses.

Aquí hay cinco estrategias concretas para aplicar a su vida y ayudarle a incorporar la mentalidad ganadora:

Ser talentoso no te hace exitoso

Como vimos anteriormente, la mentalidad fija considera que estás destinado al éxito solo porque tienes talento. Y veremos, a lo largo del libro, que esto está lejos de la verdad.

El primer ejercicio mental que debes enfrentar para incorporar una mentalidad

ganadora es comprender que depende de tu esfuerzo, trabajo y sacrificio. Comprende que tus talentos, sin duda, te servirán para alcanzar la meta, pero sería un error depender solo de ellos. No funciona así.

Aquellos que confían demasiado en su talento son los primeros en ser derrotados. Porque si depositas toda tu confianza en ellos ciegamente, en la primera adversidad que se presente, verás que no tienes recursos para luchar. Habrás puesto todos tus huevos en una sola canasta, la de tu talento, lo cual es imprudente.

No puedes salir de eventos imprevistos y situaciones desafiantes solo con tus talentos. Por lo tanto, es necesario que confíes en tus habilidades, pero con los pies en la tierra. Debes entregarte en cuerpo y alma al sacrificio y al esfuerzo. Ese será el camino que lleva al éxito.

Ese es el camino elegido por los exitosos.

Comienza con Pequeños Pasos

Una vez que estás convencido de que, además de tu talento, tienes lo necesario para tener éxito, es hora de tomar la iniciativa. Da esos primeros pasos hacia tu meta, sea cual sea.

Para hacerlo, te recomiendo que comiences con pequeños pasos. Sé realista y práctico. Comenzar con saltos y brincos es una jugada arriesgada. Puede darte grandes beneficios, pero también tiene un alto costo. La mentalidad ganadora se adquiere a través de otros tipos de estrategias.

Las personas exitosas toman riesgos, eso está claro, pero son riesgos calculados. Antes de tomar una decisión, la analizan mil veces en sus cabezas. Son inteligentes y planifican los posibles resultados. Basándose en esa planificación y expectativa generada, la mentalidad se fortalece. Se crea un espacio seguro, se minimizan los riesgos y se comienza (poco a poco) a ganar inercia.

Esta inercia, este primer movimiento hacia adelante, puede no ser significativo al principio. Como digo, serán pequeños pasos que te acercarán a la meta. Incluso habrá algunos que no necesariamente te acerquen, pero que ayuden a guiar el flujo en momentos de bifurcaciones. Sin embargo, con el tiempo, el movimiento hacia adelante se acelera, genera energía y se vuelve cada vez más difícil de detener.

Este impulso, esta motivación dinámica, debe ser lo que te haga impermeable a las dificultades. Y mantenerlo en los rieles del éxito.

Fortalece tu carácter.

Los psicólogos creen que la fuerza de carácter es el factor más crítico para el éxito. Más allá del talento y la planificación, si la persona no tiene el carácter necesario para mantenerse ahí, será difícil que alcance sus objetivos.

Esta necesaria integridad, esta construcción de una determinación adecuada, mantendrá al sujeto en el camino en momentos de caídas, dudas e incertidumbres. Debe combinar la persistencia y el compromiso de la persona con el objetivo. Las personas exitosas forman un fuerte vínculo entre estas dos variables y comparten una pasión.

Reforzar tus metas con estas fortalezas aumenta drásticamente tus posibilidades de alcanzar tu objetivo y el éxito a largo plazo. Tiene que ver con la capacidad de mantenerse enfocado y concentrado, a pesar de los contratiempos. Aprovecha la adversidad como oportunidades para aprender y sigue el camino sin perturbaciones.

Será a través de la formación del carácter, la tolerancia a las frustraciones y una mentalidad constructiva con respecto a las dificultades, que se forma el hombre o la mujer exitosos. Que avanzas con determinación hacia el objetivo. Insistente, resistente, inspirado y motivado.

Confía en tu visión, confía en tus instintos

Puede que tengas una visión particular de las cosas. Una interpretación del mundo en torno a tus experiencias, pensamientos sobre cómo proceder y un objetivo específico por alcanzar. Estas visiones siempre son algo personal.

Incorporar una mentalidad positiva en tu vida implica confiar en tu visión. Asegúrate de que, con éxitos y errores, decides qué camino tomar hacia tu objetivo.

Por supuesto, esto no significa volverte inflexible o intransigente. Al contrario, el verdadero desafío es ser honesto contigo mismo, con lo que quieres y sientes que es correcto, mientras escuchas a quienes piensan de manera diferente.

Confiar en tu visión también significa contrastarla con otras ideas. Si piensas que la mejor manera de llegar a Newark es conduciendo por el Puente Wittpenn, es totalmente válido. Pero no rechaces la idea de cruzar el Puente Hackensack. Puedes parar para almorzar en Little Tijuana y luego continuar tu viaje por Market Street.

Lo que quiero decir es que confiar en tu visión es esencial, pero ser receptivo a la visión de los demás te será de gran ayuda. Depende de ti cuánto y cómo te servirá.

Tomar Acción

Esta es la parte más crucial del proceso, donde la mayoría falla y el filtro se vuelve inevitable. Es el momento de la acción. El momento en que se debe tomar todo lo aprendido y ponerlo en práctica.

Tomar la iniciativa requiere una preparación previa. Además de todos los factores descritos, también tiene que ver con el coraje de iniciar la ruta. Cada vez que establecemos un objetivo para nuestra vida, el camino hacia él estará lleno de inseguridades.

Habrá vacilaciones, dilemas por resolver y decisiones por tomar. Tener suficiente coraje para enfrentar esos miedos y mantener la motivación a lo largo del tiempo será necesario.

Muchas personas cumplen con la gran mayoría de los requisitos, tienen las cosas claras, confían en su instinto y se preparan aprendiendo sobre los pasos a seguir. Tienen un objetivo claro y quieren ir por él. Pero no logran pasar esta etapa final. Por diversas razones, no pueden dar ese primer paso de poner en práctica todo lo que han visto.

Este es el primer gran filtro entre los que tienen éxito y los que no lo tienen. Y también es el momento de la verdad. Es el momento que habrá estado esperándote todo este tiempo. Si estás preparado/a y te sientes seguro/a y confiado/a en tus habilidades, este momento será más fácil para ti.

Ejercicios Interactivos

Después de analizar la pirámide de Maslow, decidí hacer un pequeño balance de qué paso me correspondía, aplicándolo a mi vida, descubrí que suelo saltar entre los pasos. Algunos asuntos en mi vida se sienten resueltos. Por ejemplo, algunos deseos se han cumplido y logros obtenidos. Y otros, siento que me falta un poco.

A menudo hay diferencias entre cómo nos sentimos acerca de nuestras vidas y cómo somos realmente. Esto se debe a que, a veces, nuestra perspectiva no es la correcta, o tenemos algún problema en nuestra vida que nubla nuestra capacidad analítica. Difumina nuestra capacidad para apreciar el panorama general. Te invito a realizar este ejercicio reflexivo.

Te ayudará a saber dónde estás parado. Podrás considerar en qué aspectos de la pirámide de Maslow te sientes satisfecho y en cuáles podrías estar mejor. Cuanto más y mejor conozcas tus propios deseos, más probabilidades tendrás de tener éxito. Debes conocer bien el contexto en el que esperas que se cumplan, el camino por delante y las fortalezas de tu propio corazón.

Pon tu vida en la escala de Maslow y observa el resultado.

Como hemos visto a lo largo de este primer capítulo, la mentalidad con la que uno aborda sus días es esencial para el éxito. Y cuando hablamos de éxito, no nos referimos solo al deporte. Esta escritura te invita, lector, a aplicar este tipo de mentalidad no solo en tu disciplina deportiva, sino también en la vida cotidiana.

Una mentalidad positiva, flexible y constructiva es imprescindible para comenzar el camino hacia el cambio que deseamos y lograr los resultados esperados. Debe ser un cambio estructural, nacido desde el lugar más recóndito de nuestro ser. Debe ser una expresión fiel de lo que esperamos para nuestra vida.

Al incorporar una mentalidad positiva, optimista y de superación en nuestra vida, veremos cómo los buenos resultados se evidenciarán. Si nuestro enfoque es mejorar nuestro rendimiento físico, podremos ver su evidencia.

A continuación, hablaremos del poder de la mente. Cómo, de manera inconsciente, el cuerpo la sigue a donde quiera que vaya. Discutiremos algunas estrategias para entrenar nuestro cerebro y cambiarlo de manera positiva. Concibe la mente como una fuente creativa de realidades y úsala a nuestro favor.

Ahora es el momento. Toma acción.

A BONUS GUIDE:

3 THINGS ATHLETES SHOULD **STOP** DOING

2

DONDE VA LA MENTE, SIGUE EL CUERPO

Hay un punto en los deportes de alto rendimiento en el que las diferencias entre los competidores se reducen drásticamente. Un nivel en el que dos grandes atletas tienen similitudes. En sus condiciones físicas, en lo que entrenan, en cuánto se dedican a su trabajo, en cuánto se perfeccionan, etc.

En este momento, la victoria y la derrota dependen de la mentalidad. Un tiro a puerta que debería haber sido un centro, una pelota curva que debería haber sido recta. Esas pequeñas diferencias en la mentalidad, que te influyen internamente, pueden costar una fracción de segundo en una carrera o llevarte a tomar una decisión equivocada durante un partido.

Jugar un deporte implica un proceso constante de toma de decisiones. Por mucho que dure la actividad, el atleta debe usar su condición física y su cerebro para alcanzar la victoria. Porque, al final, todo el mundo quiere ganar.

Las condiciones físicas son, así como la actitud, la energía y la concentración. Me siento preparado para lograrlo y voy a por ello. Sin embargo, todos esos factores pueden colapsar en un segundo. Todo será en vano si la mente no lo acompaña.

La armadura psicológica antes de una carrera es esencial. Y en el caso de los atletas olímpicos, muchos de ellos utilizan el recurso de la visualización.

Como en el caso del ejemplo, en los Juegos Olímpicos, todos los atletas destacan en su deporte. Todos ellos pertenecen a la élite de sus disciplinas y su alto rendimiento, individual y colectivo, los deja relativamente igualados.

Las grandes diferencias suelen estar entre naciones. En los Juegos Olímpicos, los grandes poderes de la tabla de medallas suelen ser aquellos países con una estructura interna dedicada a armar equipos y entrenar atletas de alto nivel.

La visualización utilizada por los olímpicos se trata de obtener una ventaja sobre la competencia. Vencer al rival gracias al poder de las imágenes, las expectativas y lo que esto genera en nosotros.

Kayla Harrison dijo que todas las noches se visualizaba a sí misma ganando la competencia. Se paraba en lo alto del podio, viendo con asombro cómo se izaba su bandera, sintiendo el peso del oro en la nuca.

La visualización tiene un inmenso poder motivador. No solo se construye la expectativa, se conoce el posible resultado y se imagina. Se ve, se siente y se percibe. Debe ser una experiencia vívida, casi tangible.

Prepárate mentalmente para los posibles resultados. Otros atletas, como la nadadora Missy Franklin, reconocen que la estrategia de visualización previa al partido ayuda a reducir la ansiedad. "Cuando llego allí, ya he imaginado lo que va a pasar un millón de veces, así que realmente no tengo que pensar en ello", dijo al New York Times.

Anticipa la jugada. Algunos visualizan su propia actuación para mejorar sus posibilidades de éxito. Además, aquellos que realizan este ejercicio planifican diferentes estrategias dentro del juego. Tratan de estar preparados para enfrentar diferentes escenarios.

Este ejercicio se incorpora literalmente en el entrenamiento. Se realiza mentalmente, en momentos de inactividad, y se aborda de manera positiva. Se trabaja seriamente en los aspectos del juego y la programación mental para lograr el objetivo. A continuación, analizaremos más de cerca qué es la visualización, dónde radica su poder y qué formas prácticas puedes incorporarla en tu vida.

El poder de la visualización

La visualización es el acto de imaginar. Se refiere a desarrollar mentalmente la imagen de algo abstracto, dar características visibles a lo que no se ve o representar asuntos de otra naturaleza a través de imágenes. De esta manera, mediante esta visualización, es posible lograr una representación de la realidad. De igual forma, no podemos olvidar la existencia de muchos otros tipos de visualización.

Por tanto, se considera una forma de encontrar el

bienestar simplemente recurriendo a lo que es la mente. Se establece que gracias a la visualización, puede haber una reducción en los niveles de estrés, se puede perder peso, disminuir la presión arterial y disminuir el dolor crónico específico.

La idea de la visualización creativa, por otro lado, se utiliza en psicología. Es una técnica motivacional que invita a una persona a "ver" en su mente lo que pretende lograr.

Quienes defienden la validez de esta técnica afirman que la visualización creativa ayuda a configurar el pensamiento para que el sujeto dirija sus ideas y acciones hacia el objetivo. Si un atleta planea correr un maratón, por lo tanto, debería involucrarse en la visualización creativa e imaginar cómo sería cruzar la línea de meta

Los sentimientos positivos generados por la visualización pueden contribuir a la motivación.

Toda visualización requiere de un buen flujo imaginativo para captarla. Y cuanto más vívida sea, más efectiva afectará a la persona.

Para ello, la imaginación como proceso creativo es esencial. Permite al sujeto manipular sus pensamientos para crear una imagen. Es decir, formar esta imagen sin los estímulos del entorno, completándola únicamente en la cabeza y haciéndola capaz de ser percibida por los sentidos, tanto los visuales como los demás.

Como mencionamos anteriormente, poder ver el objetivo, sentirlo en tus manos y oírlo como si estuviera allí.

La imaginación nos permite formar estas experiencias mentales y aprovecharlas. La estrategia de visualización tiene que ver con aprovechar sus resultados y conocer sus consecuencias. Esta visualización puede ser de recuerdos de la infancia, eventos imaginarios o fantásticos y eventos futuros. Eventos que el sujeto imagina que suceden para prepararse para el futuro, motivarse o eliminar temores e inseguridades.

Ayuda a que el conocimiento sea aplicable en la resolución de problemas y es esencial para integrar la experiencia y el proceso de aprendizaje. Es un proceso abstracto que utiliza la memoria para relacionar información de maneras no factuales. Es decir, la imaginación toma elementos percibidos y experimentados previamente, transformándolos en nuevos estímulos y realidades.

La imaginación puede ser reproductiva o creativa. La primera se refiere a cuando visualizamos eventos del pasado, de nuestra historia. Eventos que nos sucedieron y que podemos recordar con la memoria. Por otro lado, las imágenes creativas las creamos por nuestra cuenta.

Recuerda que lo que pensamos, nos convertimos en ello. Si además de pensarlo, podemos verlo en nuestra pantalla mental, darle vida y disfrutarlo como si ya estuviera sucediendo, entonces estamos creando lo que visualizamos y lo estamos trayendo al presente.

Este paso es fundamental para nuestra vida y para nuestra prosperidad material o espiritual. Podemos imaginar cosas materiales y estados de ánimo de felicidad, paz y armonía. También podemos visualizar los procesos de nuestra evolución espiritual y vernos en el camino hacia nuestros objetivos.

Para ello, debemos seguir cinco pasos necesarios para una visualización completa.

En primer lugar, debes determinar lo que deseas manifestar. Por supuesto, que sea algo honorable, constructivo y que valga la pena el tiempo y el esfuerzo. Asegúrate de lo que te impulsa a ser mejor y alcanzar tus metas. Debes ser honesto contigo mismo y con el resto del mundo.

Recuerda que hay una gran diferencia entre el uso del deseo y el capricho. Toma el control, disciplina y controla conscientemente tu ser interior. Elige lo que deseas visualizar en tu mente, diseña y haz que ese plan se manifieste en tu vida.

Luego, tendrás que declarar tu plan deseado en palabras y en voz alta: lo más claro y conciso posible. Escríbelo con anticipación para no olvidar ningún detalle. De esta manera, registrarás tu deseo en el mundo exterior, visible y tangible. Cuanto mayor sea la intensidad de la experiencia, más detalles se tendrán en cuenta. Cuanto más fuerte sea la petición, mejor.

Una vez que tengas claro tu objetivo y lo hayas expresado con fuerza, es hora de cerrar los ojos. Concéntrate e intenta ver lo que anhelas que se cumpla en tu pantalla mental. Contempla la capacidad de crear, visualizar y crear una imagen dentro de tu propia conciencia que represente tus deseos.

Esa habilidad es fundamental para incorporar una mentalidad adecuada en tu vida. Tu conciencia te impulsará hacia el mundo exterior, la imagen que ves y sientes dentro de ti.

Hace unos años, mi esposa y yo decidimos emigrar a Barcelona, vivir allí durante un año y ver cómo se sentía la ciudad. Una nueva vida, con un nuevo trabajo, en una nueva ciudad. Un proceso largo, muy estresante, pero que nos invitó a soñar con cosas inimaginables.

Recuerdo cada noche cuando acostaba a mi pequeño hijo en su cuna, cerraba los ojos y visualizaba diferentes momentos que le esperaban. Esto me ayudaba a reducir significativamente la ansiedad y los miedos típicos de un proyecto así.

A veces me imaginaba llegando al aeropuerto y alquilando una nueva casa. Otras veces, me imaginaba consiguiendo un nuevo trabajo o aprendiendo a hablar el idioma. Todas las cosas que sabía que tenía que hacer a corto plazo.

Después de hacer la visualización, lee tu plan o deseo tantas veces como sea posible durante el día. Hazlo siempre antes de dormir porque tu mente puede guardar esa imagen y las sensaciones que produce en ti.

De esta manera, puedes recordarlas más tarde a través de tus sueños nocturnos.

Cómo mejora el rendimiento deportivo

Se entiende que, para optimizar el rendimiento deportivo, los enfoques evidentes son el entrenamiento, el acondicionamiento y la práctica. Sin embargo, como vimos en el caso de los atletas olímpicos, muchos utilizan el poder de su mente para afinar sus habilidades y obtener una ventaja mental sobre sus competidores.

Está comprobado que estas técnicas ayudan a mejorar el rendimiento deportivo, respaldadas por el poder de la mente, mediante la visualización y la construcción de fortaleza psicológica. Los atletas de renombre mundial que utilizaron esta técnica son Arnold Schwarzenegger, Michael Jordan y Michael Phelps. Han comentado abiertamente sobre sus estrategias. Los psicólogos y entrenadores coinciden en que el poder de la visualización puede marcar la diferencia.

Como mencionamos antes, utilizar la visualización como estrategia para mejorar el rendimiento deportivo implica el uso de todos los sentidos. No solo ver la pelota entrar en la canasta, sino sentir su textura en tus manos y escuchar el sonido característico al pasar por la red. Dale entidad a la visualización y ríndete a su poder.

Hazlo correctamente, pensando en las formas y la técnica precisa. La visualización no solo debe ser gráfica sino controlada. El nivel de concentración debe ser mayor. Y, por supuesto, no dejes de practicar.

Estas estrategias que describimos solo son útiles si forman parte de un todo. Los atletas deben practicar y ser disciplinados y ordenados en su entrenamiento. Deja lo físico en cada práctica, cuídate y sé responsable tanto contigo mismo como con tus compañeros de equipo.

Sin duda, la fortaleza mental juega un papel importante en el rendimiento deportivo. Además de la visualización, la fortaleza mental es otro aspecto esencial de la mentalidad que no se puede ignorar. Ser capaz de superar la angustia física gracias a tu mentalidad es otra forma en que los atletas de élite pueden vencer a sus competidores. Obtener una pequeña (pero decisiva) ventaja en los partidos clasificados.

Al igual que los estudios de visualización, la fortaleza mental puede brindar a los atletas una ventaja competitiva cuando se combina con el entrenamiento físico.

Para optimizar tu entrenamiento y lograr mejoras significativas, considera trabajar con expertos capacitados en programación neurolingüística o psicólogos deportivos. Ellos podrán ayudarte a explotar todo ese potencial y lograr más y mejores progresos.

Construyendo la Fortaleza Mental

Fortalecer la fortaleza mental es esencial para aumentar el rendimiento y será una variable muy personal. Para empezar, cada deporte tiene momentos específicos en los que la estrategia del juego y el agotamiento físico apelan a la mente.

Por ejemplo, el entrenador argentino Carlos Bilardo (campeón del mundo en 1986 con Diego Maradona) dijo que el fútbol tenía 20 minutos cruciales, donde uno no podía permitirse distraerse. Esos minutos eran los primeros 5 y los últimos 5 de cada tiempo. En ese momento, la mayoría de los equipos marcaban sus goles. En los primeros minutos, se corre el riesgo de entrar en el campo de juego sin estar enfocado, dando ventaja al rival. En los últimos minutos del partido, la mitad del cerebro de los atletas suele estar ya en el vestuario, lo que les ha costado victorias.

Por ejemplo, una carrera de larga distancia tiene sus

puntos específicos donde la integridad psicológica entra en juego. Recuerdo la última vez que corrí 10 millas. Tuve un momento crítico donde pensé que no lo lograría. Estaba cerca de la línea de meta, quizás dos o tres millas más, pero el recorrido de la carrera me obligó a pasar por un puente largo.

Mientras regulaba mi respiración y el uso de energía para subir ese puente, me convencí a mí mismo de que bajar sería más fácil. Una vez abajo, sin embargo, sentí por primera vez en la carrera que mis piernas querían abandonarme. Mientras corría en modo automático, casi sin pensar, levanté la vista y no vi la línea de meta frente a mí, todavía faltaban algunas millas.

En ese momento, no pensé en abandonar, pero sí pensé ¿y ahora qué hago? Tuve que resolver ese problema; la única solución que se me ocurrió fue una solución mental: aprovechar esa inercia adquirida para poner un pie delante del otro y poner mi mente en blanco.

A partir de ese momento, y por un tiempo, corrí mirando el asfalto. No pensé en el paisaje que estaba perdiendo ni en cuán lejos estaba la meta sin pensar en levantar la cabeza y no visualizarla. Me quedé hipnotizado por el movimiento de mis pies, por el ritmo de cada paso hacia adelante, y me enfoqué en nada más que continuar ese movimiento automáticamente.

Pero estaba convencido de que tendría éxito. Eso nunca estuvo en duda.

Después de unos minutos así, mi mente volvió a su lugar. Levanté la cabeza, miré hacia adelante y logré conectarme con el objetivo. Recuperé la confianza y la concentración y completé la carrera sin problemas.

Pero fue solo un momento, una adversidad inesperada, que me obligó a improvisar. A encontrar mi forma de lidiar con esa situación. Para la próxima carrera, estudié mejor la ruta. Pude anticipar estos problemas. Honestamente, en ese momento no me tomé el tiempo para revisar la ruta. No lo encontré necesario. No era mi primera carrera de 10 millas, por eso estaba demasiado confiado.

Lo que fortalece a algunos podría dañar a otros. Cada uno debe saber dónde está esa fuerza personal y qué pasos seguir para sacarla en los momentos necesarios.

Esta fortaleza se desarrolla igual que la fuerza física. Se practica como parte de un entrenamiento completo. Me refiero a que es multidisciplinaria. Para ello, puedes practicar superar los malestares diarios, conocerte a ti mismo. Saber qué mecanismo se pone en acción en nuestra cabeza cuando tenemos que resolver problemas. Descubrirás que el simple acto de resolverlos aumentará tu confianza y autoestima.

Solo a través del fortalecimiento de tus fortalezas y visualizando el éxito de tus objetivos podrás descubrir el verdadero poder interior, el potencial de acción y el amplio margen de mejora en tu desempeño.

Cinco consejos para visualizar como un atleta olímpico

Como hemos visto, los mejores atletas en todos los campos deportivos tienen sus trucos mentales para lograr resultados exitosos. Ganar contra sus rivales desde los aspectos mentales del juego.

Esto no es solo práctica física. No solo responde a las cientos de horas por semana que los atletas dedican a su entrenamiento, sino que es el resultado del ejercicio mental que puedes practicar tú mismo sentado en casa o en la oficina mientras trabajas.

Para hacer esto, debes imaginar tus objetivos, aquellos objetivos que deseas lograr, para crear esa imagen en tu mente y así atraerla. Además, prepara tu cuerpo y estado mental para que inconscientemente tienda a tomar el camino correcto hacia el éxito.

La visualización debe ser un ejercicio divertido. Que sea fácilmente practicable y nacido de tus deseos más profundos. Muchas personas usan esta estrategia para diversos fines. Algunos tienen objetivos empresariales para el éxito de sus negocios, otros utilizan este recurso para cambiar sus hábitos o mejorar su condición física.

Si aún no estás utilizando la visualización para impulsar el éxito en tu negocio, aquí te presentamos cinco sencillos pasos para empezar.

Saber lo que quieres

Este es un paso preliminar fundamental, dependiendo de la claridad del objetivo. ¿Cuánto sabes sobre él y cuánto lo deseas? Este factor debe estar claro para programar el camino hacia él de manera exitosa.

Dependerá completamente de ti. Conoce tus pensamientos, analiza e interpreta tus deseos, y de esta manera tendrás una mejor oportunidad de lograrlos.

Mantenerlo específico

Mientras que muchas personas tienen visualizaciones generales para las metas de su vida y aspectos de su oficio o negocio, la visualización de los atletas a menudo es más específica. ¿Qué tipo de técnica utilizar para un tiro de tres puntos? ¿Cómo ubicar los pies y dónde pararse fuera del área pintada?

Crea en tu mente esa imagen del tiro perfecto. La caída impecable. Practícala allí tantas veces como puedas. Incluso memorizando la coreografía de los movimientos, necesitas cumplir con la técnica deseada de manera perfecta.

Usa Imágenes

Más allá de la parte mental e imaginativa del proceso de visualización, tener imágenes tangibles de lo que deseas puede ayudar a intensificar la experiencia. Involucra el resto de tus sentidos en este ejercicio, y convierte la visualización en un momento transformador.

No Olvides Practicar

Como cualquier ejercicio, la visualización necesita práctica. Haz de este ejercicio parte de tu rutina diaria. Dedica un momento específico del día a esto, y haz que la práctica sea recurrente.

Mantente abierto, sé positivo y confía en tu propia mente. Si practicas este recurso a diario, notarás avances significativos en el arte de la visualización (será más vívida y compleja), y notarás resultados positivos rápidamente.

Combina la Visualización con el Entrenamiento

La visualización no reemplazará el trabajo práctico. Al igual que los atletas olímpicos, todavía necesitas trabajar horas para lograr resultados. Pero la visualización puede actuar como programación subconsciente, trayendo oportunidades a tu atención que de otra manera podrías perder.

Complementa la visualización con ejercicios adecuados. Trabaja con profesionales capacitados en el tema e invita a tus compañeros de equipo a acompañarte en este proceso. Haz que formen parte de tu configuración mental, y agregarán un valor tremendo a toda la experiencia.

Ejercicios Interactivos

Para poner en práctica este ejercicio, encuentra un espacio tranquilo en tu hogar y siéntete cómodo.

Cierra los ojos y comienza a respirar lenta y profundamente. Enfoca tu atención en tu respiración. Siente el sonido del aire inflando tus pulmones, y tu pecho se expande y contrae con cada exhalación. Haz de la respiración un sonido ambiente. Úsalo para relajarte, calmar tu ansiedad y enfocarte en la meta.

Una vez que sientas esa relajación absoluta como si tu cuerpo primero pesara el doble y luego fuera ligero como una pluma, imagina un lugar donde te sientas completamente libre. Donde todo es justo como lo deseas. Estás entrando en un mundo idílico creado por tu mente para darte un espacio de contención. Puede estar en cualquier lugar, en cualquier contexto, siempre y cuando te ayude a relajarte y te haga feliz.

Enfoca el resto de tus sentidos en la escena y convierte la experiencia en algo tangible. Haz que parezca natural. Por ejemplo, si te imaginas sentado en un teatro, rodea la experiencia con tantos detalles como sea posible. Piensa en la textura de terciopelo del asiento, el acabado de madera barnizada de los reposabrazos y la textura de la alfombra bajo tus pies cuando caminas.

Piensa en la iluminación de la habitación y los ruidos que provienen de ella. Piensa en un olor que te transporte a esta escena. Todo lo que aumente la intensidad de la experiencia será bienvenido y te permitirá armar una imagen completa.

Quédate allí, visualizando lo que tengas en mente. Piensa en esa hermosa sensación que te da el logro de una meta. Piensa en tus deseos, visualízalos y observa cómo se hacen realidad. Conecta tu cuerpo y tu mente con estos sentimientos que provienen del ejercicio.

Ahora abre tus ojos y conecta ese mundo idílico con el

mundo real. Lleva esas sensaciones, sentimientos y deseos al plano concreto. Toma tus metas del día y ve por ellas.

En este punto del libro, probablemente estés considerando seriamente la necesidad de incorporar estas estrategias mentales en nuestra vida diaria. Para modificar y optimizar nuestro rendimiento, físico y mental, tanto en la vida como en los deportes.

Quizás quieras bajar tus tiempos y correr más rápido y mejor. O hacerlo de manera más eficiente, reduciendo el consumo de energía y optimizando tu rendimiento. Tal vez quieras ganar un torneo o estar entre los tres primeros. Subir al podio y superarte a ti mismo.

Si practicas el arte de visualizarte a ti mismo allí, con la meta alcanzada, si sientes esa satisfacción y percibes esa realidad con la mayoría de tus sentidos, las posibilidades de lograrlo aumentan considerablemente. No obstante, como cualquier proceso de cambio, también tiene sus momentos bajos.

Más allá de toda la energía, actitud e impulso que enfrentamos en nuestros proyectos, habrá momentos difíciles. Habrá fracasos, desafíos y frustraciones.

En el próximo capítulo, primero aprenderemos cómo reconocer la ansiedad cuando nos golpea. La diferenciaremos del concepto de miedo; dos ideas similares suelen estar fuertemente relacionadas. Y también veremos diferentes formas de utilizar la ansiedad para bien. Depende de nosotros.

3

MANEJANDO LA ANSIEDAD EN EL DEPORTE

En estos tiempos modernos, la ansiedad se ha convertido en una condición bastante común entre la mayoría de las personas. Ya sea debido a problemas relacionados con el estrés, el trabajo o los problemas económicos, cada vez más personas sufren trastornos de ansiedad.

Y entre ellos, los atletas de alto rendimiento no se quedan atrás.

Cumplir tus objetivos, mantener contentos a tus patrocinadores, crear un vínculo con tus seguidores y moverte con habilidad en las redes sociales. Hoy en día, ser un atleta de élite no se trata solo de cumplir tus metas en el campo.

Hay atletas que muestran al mundo una imagen imbatible. Aun así, muchas veces (sin mostrarlo), atraviesan situaciones desafiantes que los ponen al límite de sus habilidades y afectan seriamente su salud mental. La gente no lo nota, pero vive bajo una presión muy alta.

En 1996, la estrella del fútbol Diego Maradona definió las inmensas diferencias entre las presiones de los atletas y las del público en general en una frase: "Hay presión sobre alguien que se levanta a las 5 de la mañana y tiene que alimentar a su familia. Nosotros, los futbolistas, conducimos BMWs y Mercedes-Benz".

Con esta cita, Maradona describió una realidad; la presión de los atletas tiene que ver con el rendimiento en el campo y con problemas más ligeros fuera de él. Raramente un atleta de élite compite por su vida y su familia. Rara vez cruzar la línea un segundo más tarde que tu competidor resultará en que tus hijos no tengan un plato de comida al final del día.

Sin embargo, al hacer esta diferencia, es importante reconocer que el estrés de los atletas está presente. Se vuelve evidente cuando uno de ellos pierde su camino con las adicciones, o su rendimiento disminuye considerablemente, y desaparecen de la escena internacional.

Entre ellos, un claro ejemplo de superación es el de Kevin Love, quien en 2018 compartió su situación con el mundo y visibilizó un problema que la mayoría de las veces se mantiene oculto. Admitir que se tiene un problema es señal de debilidad en el ámbito competitivo.

Explicó que tuvo un incidente durante un partido de la temporada temprana contra los Atlanta Hawks, donde se sintió atrapado y no sabía qué estaba mal. No fue hasta más tarde que identificó este sentimiento como un ataque de ansiedad.

Sin embargo, el problema de Love no comenzó ahí, sino

varios años antes, en 2012. Esa temporada se había roto la mano dos veces, y había estado casi completamente fuera de la competición. A partir de ese momento, comenzó a sentir que toda su vida se desmoronaba y cómo se deslizaba por una espiral que lo enfermaba.

En su caso, además de la ansiedad, Love tuvo que lidiar con un fuerte cuadro de depresión. Se encerró en su casa y no encontraba razones para salir. Se alejó de su familia y amigos y comenzó a recorrer un camino difícil. "El período más oscuro de mi vida", como confesó a The Players Tribune.

Hasta entonces, Love creía que no debía preocuparse por problemas de salud mental, que esas cosas suelen pasarle a otros y no a él. Descubrió (después de ese episodio) que había lidiado con la ansiedad durante toda su vida, muchas veces sin saberlo o ser consciente del problema. No estaba listo para aceptar esa debilidad. Creía que enfrentar esa realidad lo haría sentir diferente al resto. Débil en comparación con sus rivales.

Esa noche de 2018 fue el punto de quiebre. Todos sufrimos ansiedad y miedo, pero llega de una forma u otra. La ansiedad no es una enfermedad que se pueda tratar escapando de ella. Uno debe tomar una postura activa contra ella. Enfrentarla directamente. Combatirla día a día. Aprender a manejarla, administrarla en pequeñas dosis y conocer sus síntomas.

Love recuerda estar acostado en el suelo del vestuario durante el medio tiempo de ese partido, jadeando y con el corazón latiéndole en el pecho. Sentía que podía morir.

En estos episodios, el campo visual se reduce y uno se siente atrapado. El corazón comienza a latir más fuerte al observar el movimiento del músculo a través del pecho. Cada proceso de nuestro cuerpo se convierte en una tortura. El aire se vuelve tan delgado como si uno estuviera en la zona de la muerte del Everest. Respirar se vuelve difícil. Uno siente que el aire entra y llena los pulmones, pero no percibe el oxígeno. La situación se vuelve desesperada y el sujeto se pone nervioso. Y sin darse cuenta, todo este cóctel solo empeora el escenario.

Mientras tanto, su entrenador le hizo una pregunta fundamental que todos los que lidian con este problema deben responder: ¿qué necesitas?

Es crucial saber lo que necesitamos para superar esta situación. Comprender lo que nuestra mente, nuestro cuerpo y nuestra alma necesitan. En algunos casos graves de ansiedad y depresión, la solución es química. Debe consultar con profesionales de la salud especializados en este tipo de condiciones, quienes podrán dar a luz a diferentes medicamentos que ayuden al sujeto.

Algunos superan estos obstáculos a través de la meditación. Otros hacen algún hobby que los relaja y redescubren su paz interior. En otros casos más leves, la respuesta suele ser interna. Se encuentra en la parte más profunda de nuestro ser y toma diversas formas.

Más allá del hecho de que el baloncesto ayudó a Love a distraerse, la ansiedad y la depresión cobraron su precio en él. Poco a poco, socavaba su maquillaje psicológico hasta que su cuerpo dijo basta.

A partir de entonces, su estrategia para combatir estos sentimientos fue hablar. Comenzó la terapia y encontró un lugar seguro para expresar lo que le estaba sucediendo sin miedo a lo que dirían. Logró mostrarse plenamente como ser humano, sin máscaras ni disfraces.

Comprendió que era una forma saludable de controlar esas emociones negativas y sirvió como estrategia concreta para superar la ansiedad.

Con el paso de los años, aprendió a lidiar con la ansiedad de su carrera deportiva de diversas formas. De esta manera, se convirtió en portavoz del cuidado de la salud mental en el deporte.

Ansiedad deportiva

A menudo nos encontramos con atletas que sienten mucha ansiedad. Los síntomas que sufren hacen que el rendimiento disminuya, lo que aumenta la preocupación y, a su vez, la ansiedad en sí misma, generando un círculo vicioso en el que el atleta a veces queda atrapado.

La ansiedad en el deporte a menudo se debe a la interacción entre los factores personales del atleta y el deporte que practican. Los rasgos de personalidad de cada atleta harán que la ansiedad sea más o menos recurrente. Algunas características pueden generar presión, como la importancia de un evento deportivo, la incertidumbre de la competencia y factores personales como la autoestima o la ansiedad.

A veces serán experiencias complejas, pero que transformarán la vida del atleta (como el caso de Kevin Love descrito anteriormente), otras veces serán episodios que pueden literalmente poner fin a la carrera de un atleta.

¿Qué es?

Por definición, la ansiedad es un estado emocional negativo que incluye sentimientos de nerviosismo, preocupación y aprensión, relacionados con la activación o excitación del organismo. Por lo tanto, la ansiedad tiene un componente cognitivo, llamado ansiedad cognitiva, y un componente de ansiedad somática, que constituye el grado de activación física percibida.

A medida que aumenta la activación del sistema nervioso, el cuerpo secreta adrenalina en el torrente sanguíneo, aumentando la frecuencia cardíaca, la respiración y la tensión muscular. Esta reacción es nuestro cuerpo preparándose para aumentar su capacidad de respuesta durante el estrés y la nerviosidad.

Sin embargo, la nerviosidad extrema puede hacer que el cuerpo siga secretando adrenalina, mucho más de lo necesario, lo que genera un estado de bloqueo en su capacidad para responder a la situación. En este momento, un atleta verá cómo su rendimiento disminuye, creando más preocupaciones y aumentando su estado de estrés y grado de activación.

Causas

Por ejemplo, es especialmente común en el atletismo ver casos de ansiedad y estrés. Responde a varias razones: es un deporte que se practica de diferentes maneras y en diferentes situaciones. A veces se practica de forma individual, y otras pruebas son colectivas o por equipos. Algunas competiciones permiten que el atleta se mueva a un ritmo tranquilo, mientras que otras requieren corredores de velocidad.

A veces, los altos niveles de ansiedad ocurren debido a las expectativas que tienen los compañeros de equipo o el entrenador del atleta, generando estrés para la competencia. Algunas pruebas requieren tácticas y preparación, y cuando llega el momento de la carrera, sentirse inseguro y nervioso puede significar que el rendimiento no es el esperado.

La activación se refiere a la activación fisiológica y psicológica general del organismo, que se produce en forma de intensidades variables a lo largo de un continuo que se observa desde el sueño profundo hasta el frenesí, el pánico o la ira intensa. Cuando hablamos de la práctica deportiva, la activación se definirá como una función energizante responsable de aprovechar los recursos del cuerpo ante actividades vigorosas e intensas.

¿Qué aumenta el riesgo de padecerla?

Según un estudio de la Organización Mundial de la Salud realizado en marzo de 2022, se estima que más del 25% de la población mundial sufre de algún síntoma relacionado con la ansiedad sin saberlo. Este número se disparó después de la pandemia y el confinamiento. El deporte no es una excepción. En los casos en que se practica un deporte, la diferencia entre el éxito y el fracaso puede ser mínima, predisponiendo al atleta a un alto nivel de estrés.

Para empezar, el riesgo de sufrir ansiedad relacionada con la actividad deportiva tendrá que ver con un estado de tensión excesiva, que se manifiesta de manera permanente en la vida del atleta. Se extiende más allá de su propia fuerza, impactando completamente en el plano físico, conductual y psicológico del atleta.

Esto implica una situación de agotamiento crónico, de un sujeto que vive su vida en un esfuerzo constante. Estos atletas no descansan porque cuando no están entrenando, están usando su energía para pensar en lo que harán para mejorar su rendimiento.

La tensión emocional, la abrumación y la fatiga de estas personas tienen un límite físico. Una vez que superan ese punto, el cuerpo comienza a cobrar su precio. Además de las condiciones físicas y mentales, este estado de emoción constante altera la vida del atleta y de todos los que lo rodean.

Hay un punto en toda esta cadena de eventos adversos en el que el atleta se acostumbra al ritmo mental que provocan el estrés y la ansiedad. Lo incorporan como parte de su vida y lentamente ataca su estado mental. Finalmente, el sujeto colapsa, y todas las estrategias de adaptación que le sirvieron hasta ese momento cesarán.

Cada atleta proviene de un mundo diferente. Algunos pueden percibir la misma situación de diferentes maneras. Quizás no obtienen el tiempo necesario para calificar para una prueba y se sienten como un fracaso rotundo a pesar de haber dado todo. Mientras que otro atleta, enfrentado a la misma situación, podría considerarlo parte del proceso de aprendizaje. Y darle un marco optimista.

Sin embargo, la diferencia entre la ansiedad cotidiana y la del deporte es que la ansiedad del deporte tiene una carga física y neuropsíquica considerable en las sesiones de entrenamiento y competencia, constantemente bajo presión. En este sentido, cada atleta tiene un grado de activación diferente al de los demás.

Se deben tener en cuenta los factores personales, ya que hay personas que requieren un grado de activación más alto para una tarea y otras que pueden desempeñarse de la misma manera con menos activación.

Ansiedad vs Emoción: ¿Cuál es la diferencia?

La emoción y la ansiedad son dos estados emocionales que a menudo se caracterizan por sentimientos intensos y poderosos. Sin embargo, hay una línea muy fina entre sentir emoción y sentir ansiedad. Cuando nos encontramos en estos estados, es común experimentar una sensación de abrumamiento. Aquellas cosas que nos emocionan a menudo también nos causan un poco de ansiedad, por lo que es importante diferenciar ambos sentimientos.

La emoción es un estado natural cuando se presenta alguna experiencia, proyecto o evento que nos motiva. A su vez, puede definirse como un sentimiento poderoso e intenso que genera sensaciones dentro de nosotros que son imposibles de ignorar.

¿Cuál fue la última cosa que te generó emoción en la vida? Tal vez pudiste cambiar de trabajo y obtener ese puesto que tanto deseabas. También podría ser algún evento familiar, como el nacimiento de un hijo, sobrino o nieto. Esa intensa sensación que sentimos dentro de nosotros y que necesitamos gritar desde los tejados lo que nuestro corazón dicta significa que es emocionante.

De la misma manera, las emociones pueden ser causadas por eventos tristes o traumáticos en nuestras vidas. La misma intensidad de la que hablamos, pero potenciando sentimientos desagradables. Quizás fallaste un gran examen, discutiste con un amigo o sufriste una pérdida familiar reciente. Cuando la emoción es negativa, el mecanismo activado en el cuerpo es el mismo. Las consecuencias son simplemente diferentes. Nuestro cuerpo no procesa lo positivo y lo negativo de la misma manera.

Al retroceder por este camino, podemos definir lo que significa sentir emoción. Sin embargo, identificar esta fina línea entre la emoción y la ansiedad puede ser desafiante. Ya que procesar la emoción (ya sea positiva o no), todos los factores de estado de ánimo que entran en juego están vinculados a sentimientos de ansiedad.

Por ejemplo, cuando cruzamos esa línea y convertimos la emoción en ansiedad, ese sentimiento positivo puede convertirse en impaciencia, también, en casos en que la emoción nos lleva a anticipar eventos. Esperando algo con tanta ansia que, si el resultado final no es el que esperábamos, nos sentimos decepcionados y perdemos el entusiasmo con el miedo de que nuestras expectativas no se cumplan. Esto elimina la alegría de nuestras emociones y las convierte en algo negativo. Nos hace sentir ansiosos.

Cuando llegamos al punto en que la felicidad no corresponde a la emoción, hemos pasado el punto de no retorno. Se puede intentar controlar esa situación y reducir el daño, pero los sentimientos de decepción ya te han afectado.

La emoción es un sentimiento del que es difícil volver atrás. Una vez que estas sensaciones golpean la puerta, no habrá una estrategia de contención efectiva contra ellas. La emoción es hermosa cuando podemos disfrutar de la energía y divertirnos con el sentimiento.

A veces la emoción y la expectativa son tan grandes que el entusiasmo se mantiene hasta el momento en que se cumple el objetivo o los eventos se desarrollan. Y entonces nuestro estado emocional cambia. No fue lo que esperábamos. Este cambio nos desconecta de la experiencia que generó tanta emoción en nosotros. Perdemos la posibilidad de disfrutarla. Como si, previamente, hubiéramos quemado las naves.

Muchas veces, la emoción surge de la expectativa creada en torno a un resultado específico. El éxito de un proyecto, cumplir un deseo. Y si las cosas no resultan como esperábamos (lo cual rara vez sucede), ese cambio esencial que esperábamos en nuestras vidas no se hace realidad. O al menos no de inmediato.

En esos casos, probablemente nuestro primer impulso sea dejar de lado la emoción. Dejarla desvanecerse, gracias a la pérdida de entusiasmo. Es natural, pero te invito a considerar otra alternativa. Una que te permita preservar esa emoción y transformarla a medida que los eventos se desarrollan. Independientemente de su resultado final.

Para empezar, evita darle a la emoción más entidad de la que debería. Es perfecto sentir entusiasmo y generar expectativas, pero todo está en su medida saludable. Si sentimos que el péndulo de las emociones nos lleva al campo de la ansiedad, debemos transformar ese sentimiento ahí. ¿Podrías devolverlo a su estado original?

Volver a la emoción.

Renombrar la ansiedad como emoción

Las sensaciones de emoción y ansiedad son casi idénticas. Ambas aumentan la frecuencia cardíaca y generan esa sensación en el estómago, solo comparable a esas mariposas que sentíamos cuando éramos niños. Ambas pueden estar relacionadas con la preparación fisiológica que experimenta tu cuerpo cuando sabe que algo nuevo, diferente o desconocido está por venir.

Es similar a cuando nos chocamos en la calle. Al caer, completamente inconscientemente, el cuerpo se prepara para el impacto. Como si supiera antes que nosotros.

Nuestros comportamientos, acciones y decisiones parten de una base de alegría y emoción y no están impulsados por el miedo. Sin embargo, más allá de las similitudes, hay emociones que evocan sensaciones diferentes. La emoción está relacionada con el placer, mientras que la ansiedad está directamente relacionada con el miedo. La conciencia de esta diferencia es crucial para darle a nuestras vidas el marco adecuado.

Esta diferencia nos permitirá disfrutar cada día como se debe. Además, psicológicamente, estaremos mejor dispuestos a reconocer nuevas oportunidades y aprovecharlas sin el lastre del miedo detrás de ellas.

El miedo no es malo. Es un sentimiento válido que a menudo nos permite proceder con precaución. Hay que tener cuidado. El miedo nos obliga a pensar las cosas dos veces (o más). Por lo general, a través de estas sensaciones, se adquiere seguridad para decidir o emprender un proyecto.

Es un sentimiento que agrega valor siempre y cuando no

controle cada aspecto de nuestras vidas. No debe volverse crónico y dominar cada toma de decisiones. Está bien que sea un copiloto en algunas situaciones, pero nunca permitamos que conduzca nuestro destino.

De esta manera, dado que tanto la emoción como la ansiedad tienen similitudes marcadas, es necesario aprender a identificar sus síntomas. Aprender a leer nuestros pensamientos e interpretar qué mecanismo se activa en nosotros cuando una de ellas entra en acción.

En caso de que sea una emoción, manténla viva y sácale provecho. Convirtámosla en algo positivo. Pero si reconocemos patrones de ansiedad, será necesario cambiar esos sentimientos. Devolvámoslos al campo de la emoción.

Para hacer esto, debemos conocernos internamente y desarrollar un alto sentido de inteligencia emocional. Esa será la herramienta crítica, el as de espadas, para avanzar.

En lugar de enfrentar la ansiedad directamente, un enfoque mejor es convertir ese sentimiento en emoción. Las personas que intentan esta estrategia tienen más probabilidades de tener éxito. La ansiedad persistente se ha relacionado con enfermedades físicas y trastornos, incluyendo afecciones gastrointestinales y enfermedades cardíacas. La ansiedad se vuelve problemática cuando es crónica.

Esto significa principalmente tener una actitud pesimista en todo momento, vivir con el vaso medio vacío. Esta mentalidad impide ver oportunidades para el cambio positivo. Por lo tanto, contiene el crecimiento, la evolución y la proyección de emociones saludables con alegría y expectativas bien canalizadas.

Volver a etiquetar esos sentimientos de ansiedad y convertirlos en emociones requiere un esfuerzo de nuestra parte. Veremos a continuación diferentes estrategias para lograrlo.

Puede haber situaciones que solo generen ansiedad. En esos casos, no habrá nada que hacer excepto lidiar con ella de la mejor manera posible. Sin embargo, en otras ocasiones, uno tiene la libertad de elegir el enfoque que queremos dar a nuestros sentimientos.

Estas situaciones son oportunidades para demostrar nuestra capacidad, cuánto nos conocemos a nosotros mismos y cuánto bien podemos hacernos a nosotros mismos. En estos casos, la emoción debe ser un impulso que nos permita concentrarnos en los posibles resultados y en esa sensación agradable después de calmar nuestras ansiedades.

De esta manera, la mejor opción es concentrarse en los resultados positivos. Concebir el proceso que nos emociona optimistamente para evitar desperdiciar nuestra energía pensando en todo lo que podría fallar. Aquí es donde la ansiedad toma el control. Estar más emocionado nos ayudará a elegir mejor los siguientes pasos. Esto hará que el éxito sea más probable.

Además, ayuda entender desde el principio la realidad inevitable de que algunas cosas fallarán. Ser consciente de esto y anticipar que las cosas nunca salen al 100% según lo planeado. De esta manera, cuando algo falle, ya conoces esta situación. Habrás previsto su impacto y podrás anticiparlo adecuadamente, minimizando sus consecuencias negativas.

Personalmente, cuando me siento ansioso por cualquier motivo, suelo utilizar esa energía para salir a correr. Me funciona canalizarla ahí. Suelto toda esa ansiedad con cada paso, y me siento mejor en cuanto termino la carrera. Tal vez no haya resuelto la causa de esa ansiedad, pero seguro que ya no me afecta como solía hacerlo. La mente se relaja.

Tómate un tiempo para relajarte. Parte de estar ansioso se debe a estar siempre en movimiento. Asegúrate de tomarte tiempo para descansar, tanto tu cuerpo como tu mente. Dedica un pequeño momento de tu día a hacer alguna actividad que te brinde paz.

Vivir con ansiedad de manera saludable y encontrar formas de utilizar esas emociones positivamente implica, como mencionamos anteriormente, desarrollar un fuerte sentido de inteligencia emocional en tu vida. Para ello, es fundamental conocernos a nosotros mismos. Así podremos lidiar con la ansiedad.

Enfrentando la ansiedad de rendimiento deportivo

En el mundo del deporte, la ansiedad de rendimiento es la que ataca a los atletas en los momentos previos a una gran competición. Allí, los nervios se sienten con una intensidad inusual. Y no está mal sentirse nervioso o ansioso. Es la forma en que nuestro cuerpo nos dice que estamos listos. Pero el exceso de nerviosismo puede afectar nuestro rendimiento y, por lo tanto, los resultados esperados.

Algunas personas quedan paralizadas por los nervios. Otros pierden momentáneamente la capacidad de realizar su deporte correctamente. Existe una relación directa entre la angustia por el estrés debido al rendimiento y el rechazo de nuestro cuerpo. A veces, influye negativamente en el proceso de toma de decisiones o en el rendimiento en general. Por esta razón, el Instituto Johns Hopkins enseña a los atletas que la ansiedad es un sentimiento normal y útil y que deben estar predispuestos a convivir con ella.

Primero debemos identificar cuándo ocurren estos sentimientos para anticipar las posibles consecuencias de la ansiedad deportiva. Los síntomas son característicos: tensión muscular, movimientos rápidos, errores en la ejecución técnica de la disciplina que se practica o demostraciones agresivas. Tal vez el ejemplo más claro de este tipo de reacción se puede ver en el tenis, cuando el jugador golpea su raqueta contra el suelo. Esto muestra su estado de ánimo, su impotencia por alguna jugada. La única forma de liberar esta tensión es destruir su raqueta. Lo que está a su alcance.

Lidiar con la ansiedad deportiva también tiene que ver con su capacidad de planificación. Sin embargo, mantener la idea original y ceñirse al plan del juego ayuda a reducir el estrés. Mantenga el grado de concentración necesario para actuar bajo presión y recalcule (si es necesario) su plan de acción, esa estrategia que pensó antes del partido. De esta manera, sabrá qué hacer más allá de cualquier evento imprevisto.

Manténgase positivo. Trate de rodearse de personas que refuercen esos sentimientos, ese optimismo, y verá resultados positivos. Sentirá que aumenta su autoestima y disminuyen los pensamientos que contribuyen a la ansiedad. Sea su primer crítico, pero hágalo de manera constructiva.

Y recuerde respirar. La respiración es una parte esencial

de la autorregulación. Tome inhalaciones profundas y exhalaciones lentas. Y concéntrese en relajarse. La ansiedad se reducirá automáticamente, lo que le permitirá superar ese miedo al fracaso deportivo.

Ejercicios interactivos

En el deporte siempre habrá algo de estrés; por lo tanto, es importante saber cómo manejarlo. A continuación, veremos varias técnicas para practicar cuando juegues deportes. Será esencial saber cuál de ellas te ayudará a mejorar.

Respiración profunda: usar el recurso de la respiración es uno de los primeros pasos para contener el estrés e intentar relajarte. La respiración profunda nos conecta con aspectos de nuestro interior. Es una práctica diseñada para hacerte consciente de tu respiración, y el acto de respirar se vuelve terapéutico.

Toma una respiración profunda y siente cómo tus pulmones se llenan de aire. Siente el sonido del aire a través de tu cuerpo, tu pecho haciéndose más grande y tus músculos abdominales estirándose. Y una vez que hayas inhalado, aguanta la respiración durante 5 segundos. Luego exhala lentamente. Tómate tu tiempo. Hazlo con la boca medio cerrada, despacio. Repite este ejercicio cinco veces. Te ayudará a relajarte, disminuir tu ritmo cardíaco y alinear tus ideas.

Relajación muscular: Encuentra un lugar cómodo y tranquilo en tu hogar y acuéstate en la cama o en el sofá. Sé consciente de cómo tu peso corporal se hunde en el colchón.

Además, siente cómo se mueve el pecho cada vez que respiras.

Comienza a contraer un grupo de músculos con fuerza. Mantenlos contraídos durante unos cinco segundos y luego relájalos. Repite el ejercicio cinco veces y luego pasa a otro grupo de músculos.

Para terminar, relaja tu cuerpo y mente y pasa por cada sector, relajando tus músculos. Hasta que ese peso que al principio se hundió en el colchón se vuelva cada vez más ligero.

Ve a tu lugar feliz: esta visualización a menudo reduce eficazmente la ansiedad y el estrés. Debes imaginar un lugar o situación tranquila y pacífica. Siente el estrés salir de tu cuerpo.

Ansiedad de seguridad. Respira profundamente y exhala; cuando lo hagas, cambiarás el estrés por la relajación. Repite este proceso hasta que te sientas tranquilo.

Atención plena: a través de esta técnica, la idea es lograr un nivel de concentración absoluta, física y mental. Concéntrese en la energía y canalice los pensamientos. Controle el estrés o la ansiedad y concéntrese en el presente sin preocuparse por el pasado o el futuro.

La atención plena te permite, entre otras cosas, tomar conciencia de todo lo que está bajo tu control. De esta manera, comenzarás a sentir que has dejado de preocuparte.

Aquellas cosas en las que el resultado depende de ti, aquellas bajo tu radar, las tienes bajo control. En cuanto a lo que está totalmente fuera de tu control, no tienes motivo para preocuparte. Porque, en efecto, no influirás en el resultado final.

Crea una rutina: tener una rutina para tu vida es esencial para controlar (o incluso reducir) el estrés. Como vimos anteriormente, este sentimiento está directamente asociado al miedo. Y entre ellos, el miedo a lo desconocido suele ser paralizante para la mayoría de las personas.

La rutina te permite obtener cierto grado de control sobre las variables. Te da un marco de referencia para pasar la mayor parte de tus días. Concéntrate en ello. No habrá grandes sorpresas. No debería haberlas. Podrás centrarte en la rutina y reducir los factores que generan estrés.

Mantente positivo: se optimista sobre el futuro y tus posibilidades. Confía en tu capacidad para hacer frente a cualquier situación que te tenga abajo. Mantente activo y receptivo, y rodéate de personas con la misma actitud.

Verás que cuanto más obtengas retroalimentación de personas positivas, mejor te sentirás. Y ese sentimiento, como parte de tu rutina diaria, te permitirá aprovechar nuevas y mejores oportunidades.

El deporte solo tiene sentido si el atleta disfruta. Si aprendes las lecciones que cada disciplina tiene que ofrecer. Sí, de la competencia saludable, puedes construir vínculos fuertes. Amistosos. Sinceramente, ya sea que se practique profesionalmente o de manera amateur, debería ser un espacio para el disfrute.

El deporte debe ser donde el atleta deje toda su energía, deseos y miedos más profundos. Donde puede conectarse con los aspectos más primitivos de sí mismo, pero al mismo tiempo, la dinámica de la competencia los obliga a pensar. Los obliga a usar sus recursos mentales para lograr la victoria.

Si te sientes feliz haciendo deporte, si te enriqueces con la experiencia y sientes lo que te estoy diciendo... entonces podrás manejar adecuadamente tus niveles de estrés. Esa es una sensación esperada, natural y controlable.

Hasta ahora, hemos visto la forma lógica de modificar nuestra mente, cuerpo y estructura de vida de diferentes maneras que llevan al mismo objetivo.

Como vimos en este capítulo, la ansiedad es una espada de doble filo. Puede ser nuestro peor enemigo, arruinando literalmente todos nuestros intentos de mejorar como atletas. Puede ser decisivo al cerrar una carrera, definir una penalización o conectar un jonrón. Puede ser la única diferencia entre el ganador y el perdedor, y entre cumplir o no nuestros objetivos.

La idea es transformar esa ansiedad en entusiasmo. Convertirla en energía que alimenta el motor de la vida. No es fácil, eso está claro. Lograr cambios sustanciales en este aspecto no es un paseo por el parque. La ansiedad mal manejada es corrosiva. El estrés mal gestionado es venenoso.

Por lo tanto, veremos resultados positivos si seguimos el curso correcto y organizamos nuestras mentes a través de las diferentes estrategias vistas en el capítulo para reducir y controlar los niveles de ansiedad.

Pero para esto, debemos convertirnos en humanos mentalmente fortalecidos además de hacer ejercicios.

Debemos conocer nuestro potencial, creer en nosotros mismos y saber que habrá fracasos.

El éxito depende de cómo enfrentemos esos fracasos y en qué condiciones nos levantamos. Ahí está la clave de todo esto. La actitud, la mentalidad y la integridad con la que procesamos los golpes y la construcción de un carácter resiliente.

4

CREENCIA EN UNO MISMO Y RESILIENCIA

La mayoría de los atletas que logran un gran éxito y fama tienden a tener una gran claridad en cuanto a la confianza en sí mismos. Suele ser una parte de ellos, un aspecto que los acompaña en todo momento. Son atletas consolidados que construyeron sus carreras basándose en el sacrificio para destacarse en la competencia y ser mejores que sus rivales.

Por supuesto, conseguirlo no es fácil. Nadie les da nada gratis. Deben esforzarse en todo momento para superar a sus competidores. Para hacer esto, estas personas tienen un alto desarrollo físico, técnico y mental. Y en caso de superarlos, mantenerse por encima de ellos.

Hay que estar completamente convencidos de las propias capacidades. Aquí no hay síndrome del impostor. Estos atletas conciben la confianza en sí mismos como la seguridad de sentir que están a la altura de la tarea en cuestión. Sienten en lo más profundo de su corazón (lo saben como una certeza universal) que pueden estar a la altura de las expectativas.

Estados fisiológicos pueden reducir los sentimientos de confianza a través de fenómenos como tensión muscular, palpitaciones y mariposas en el estómago. Las sensaciones corporales asociadas con la competencia deben ser percibidas como facilitadoras del desempeño, lo que se puede lograr aplicando intervenciones apropiadas de manejo del estrés.

Probablemente conozcas a alguien cuya autoconfianza tiene una cualidad inquebrantable, cuyo ego soporta incluso los mayores contratiempos. En tales personas, la confianza es una cualidad tan resistente. Sin embargo, puedes volverte arrogante si vives sin tener cuidado con tus niveles de confianza. Y en la vida deportiva y la competencia de alto nivel, la arrogancia tiene sus costos.

Para construir una autoconfianza adecuada, el atleta debe saber que el fracaso siempre es una posibilidad en la ecuación. Aquellos que se mantienen en el nivel más alto en cada una de sus disciplinas no lo logran siendo perfectos. Nadie lo es.

Aunque a veces pueda no parecerlo, son seres humanos. Con todo lo que eso implica. Son personas que tienen días buenos y días malos, mejores actuaciones y partidos en los que nada les sale bien. Además de eso, pueden tener problemas de salud que les afecten antes de una competición (como fue el caso de Ronaldo Luiz Nazario, el verdadero "Ronaldo", la noche antes de la Final del Mundial de Francia 1998).

Creencia en uno mismo y resiliencia

La fuente más significativa de autoconfianza forma parte de tu estado emocional. Tiene que ver con el control de las emociones de la competencia, como la ansiedad, las expectativas y la presión. Cuanto más importante sea la instancia en la que compites, mayor será la intensidad de estas sensaciones.

Habrá momentos de duda y pensamientos de inseguridad que no colaborarán con la formación de la confianza del atleta. Será importante que él pueda controlar estos pensamientos. Dosificarlos.

Muchos factores pueden sacar a un atleta de la competición. Afectan su autoestima, rendimiento y relación con el público.

David Beckham, por ejemplo, pasó por eso en 2004.

Beckham falló un penal decisivo en la Copa Europea de ese año. Él era un mediocampista de clase mundial, un destacado lanzador de tiros libres (y el esposo de Victoria). Después del Mundial y la Liga de Campeones, esta copa europea es la competición de fútbol más importante. Ocupa el tercer lugar en el ranking y todos los jugadores quieren ganarla con sus respectivos equipos.

En ese partido, Inglaterra y Portugal empataron 1-1 en el tiempo regular, marcaron un gol más cada uno en la prórroga y terminaron con un resultado de 2-2. Extendiendo la definición a los tiros desde el punto penal.

Allí, Beckham ni siquiera pateó el penal decisivo, sino que se dispuso a ejecutar el primero de los penales de su equipo. Sin embargo, como capitán del equipo, los aficionados esperaban que él tuviera un buen desempeño en ese momento clave.

David falló y su equipo comenzó la tanda de penales en desventaja. Sin embargo, uno de los pateadores de Portugal también falló su penal y la serie quedó empatada. Sin embargo, el disparo de Beckham fue tan malo que su desempeño afectó la confianza de todo el equipo desde el primer momento.

Por el contrario, la confianza del portero portugués (Ricardo) estaba mejor que nunca. Detuvo el penal decisivo (lanzado por Vassel), dio la victoria a su equipo y eliminó a Inglaterra de la competición.

El fallo de Beckham no fue decisivo, pero destruyó el estado de ánimo y la concentración de todo su equipo. Desde ese momento, sus rivales ya tenían medio partido ganado, el mental. En cuanto al evento en sí, ese penal fue tan traicionero que la pelota de ese disparo fue salvada por un aficionado y subastada años después, alcanzando la cifra de 10 millones de euros en eBay.

El Complejo Arte de Creer en Uno Mismo

El camino que lleva a construir una autoconfianza adecuada no es fácil. Requiere esfuerzo y sacrificio e implica que uno se preste por completo a la experiencia. Debemos analizar nuestra mente, nuestro corazón y nuestro cuerpo.

Si se tiene un buen nivel de autoconfianza, es importante explicar a qué responde. ¿Qué mecanismos de nuestra vida y nuestra forma de ser construyen y fortalecen esa confianza en nosotros mismos? Se sabe que los logros en el desempeño son la mayor contribución a la confianza en el deporte.

Creencia en uno mismo y resiliencia

Cuando se realiza una habilidad con éxito, se construye confianza y se está dispuesto a intentar algo un poco más difícil.

Estas personas entienden que se debe organizar el aprendizaje de habilidades en una serie de tareas progresivas que permiten dominar cada paso antes de pasar al siguiente. Como mencionamos en capítulos anteriores, correr es imposible si primero no aprendemos a caminar.

Aquellos de nosotros que nos encontramos en el otro lado de la calle, en el lado opuesto a la autoconfianza, debemos trabajar el doble para adquirir niveles adecuados de autoestima. No nos viene naturalmente, sino que implica un esfuerzo consciente y constante. Debemos prestar especial atención a nuestros disparadores. Aquello que disminuye nuestra confianza, nuestra seguridad y nuestra autoestima.

Se ha demostrado que la autoconfianza mejora el rendimiento de la gran mayoría de los atletas. Muchos estudios sobre el tema han demostrado que el nivel de confianza y el nivel de rendimiento deportivo son directamente proporcionales. Incluso bajo condiciones estrictamente controladas, se ha demostrado que el rendimiento se ve significativamente afectado cuando se manipula la confianza (para mejor o para peor).

El arte de creer en uno mismo es complejo. Tiene que ver con cómo percibimos nuestra propia vida y existencia. También con las expectativas que creamos para nosotros mismos. ¿A dónde queremos ir? ¿Cómo queremos hacerlo? ¿Tenemos sueños o deseos por cumplir? ¿Qué nos detiene?

Creer en uno mismo también significa conocernos a nosotros mismos. Debemos conocer nuestros límites físicos y mentales, nuestro cuerpo y sus señales. Ser conscientes tanto de nuestras limitaciones como de esos puntos fuertes que nos hacen destacar de los demás.

Y también conocer nuestros miedos. Hacerse cargo de ellos, ser responsables de lo que generan en nosotros y cuánto afectan nuestro desempeño en la vida y en el deporte.

Los peores temores del atleta

Además de todo el trabajo interno, todo el esfuerzo y autoconocimiento que implica mantener el rendimiento deportivo a pesar de los nervios y las ansiedades, se ha demostrado que el apoyo familiar y social también afecta positivamente la mente del atleta.

Reduce los efectos del estrés competitivo y los niveles de ansiedad y aumenta la confianza del atleta. Para lograr esto, cada vez más entrenadores consideran la preparación mental de sus atletas como un factor determinante, incluso preparándolos desde temprana edad. De esta manera, pueden construir su carrera basándose en un buen estado de salud mental y convertirse en adultos listos para enfrentar las demandas del entorno.

Desde que un niño comienza a practicar un deporte, ya comienzan a desarrollar sus propios recursos y estrategias. Por esta razón, trabajar en los aspectos mentales y psicológicos de los jóvenes atletas es tan importante.

Sin embargo, los miedos de los atletas son una realidad con la que todo entrenador debe saber lidiar.

Cuando pensamos en los miedos de los atletas de alto rendimiento, nos referimos a esas preocupaciones que los atacan en los momentos previos a una competición.

Tokio 2020 permitió entender mejor que el deporte de alto rendimiento expone a los atletas a situaciones de enorme estrés y presión.Cada atleta es diferente y lidia con el estrés competitivo de manera diferente.

Hay personas con tendencia a sufrir problemas leves, mientras que otras pueden caer en depresión y trastornos de ansiedad. Por lo tanto, es fundamental que el atleta se conozca a sí mismo y adapte estrategias para contrarrestar los efectos psicológicos de la ansiedad.

"No me siento cómoda hablando en público y siento una inmensa ansiedad cuando tengo que dirigirme a la prensa mundial", dijo la figura del tenis japonés, Naomi Osaka. Ella fue multada por negarse a dar conferencias de prensa en Roland Garros.

La ansiedad precompetitiva y la incertidumbre del resultado suelen ser los miedos más comunes. El miedo a no rendir como en el entrenamiento, no cumplir con las expectativas, no estar a la altura de lo que los demás esperan.

La verdad es que la psique de un atleta de élite es igual a la de cualquier persona. La diferencia está en la forma de pensar y sentir. Los atletas de élite optimizan al máximo las conexiones neuronales, automatizando los movimientos técnicos más críticos de su deporte. Deben ser expertos en aprovechar al máximo sus propios recursos, físicos y mentales.

Cuando el atleta comprende que la verdadera competencia comienza contra sí mismo, su mejora diaria será su éxito. Es entonces cuando comienzan a trabajar en su sistema de mejora continua para lograr la mejor versión de sí mismos, sea cual sea.

En el deporte se le da demasiada importancia a ganar o perder. Se puede pasar del éxito al fracaso en cuestión de segundos y el atleta debe aprender a manejar adecuadamente sus expectativas y adaptarse a las diferentes situaciones que tendrá que vivir.

Cada deporte tiene sus peculiaridades y demandas mentales. Algunos requieren más precisión, otros más concentración, etc. Sin embargo, los deportes individuales requieren más habilidad y fortaleza mental. En los deportes de equipo, la responsabilidad está más diluida, pero entran en juego otras variables como el liderazgo, la cohesión o la coordinación grupal. Lo importante es adaptar los recursos a las diferentes necesidades del atleta y cuidar el entorno.

Definamos la Resiliencia

Es la capacidad de adaptarse a situaciones adversas, transformando positivamente sus consecuencias. Inicialmente, se interpretó como una condición innata, pero posteriormente se tuvieron en cuenta no solo los factores individuales sino también los familiares, culturales y ambientales del sujeto.

Actualmente, se entiende la resiliencia como la capacidad de tener éxito de una manera aceptable para la sociedad a pesar del estrés o la adversidad, lo que normalmente implica un grave riesgo de resultados negativos. También se define como un proceso de competitividad donde la persona debe adaptarse positivamente a situaciones adversas.

Durante las últimas dos décadas, el campo de la psicología se ha interesado por la resiliencia, después de que varios estudios mostraran cómo algunos niños que experimentaron situaciones extremas y traumáticas durante su infancia no desarrollaron problemas mentales o comportamientos delictivos más tarde.

Según la psicóloga Catherine Moore, estos niños lograron convertirse en adultos saludables y funcionales, a pesar de las terribles adversidades que tuvieron que pasar, y captaron la atención de los psicólogos. Por esta razón, se interpreta que existen diferentes niveles de resiliencia. Algunas personas tendrán más probabilidades de superar estos desafíos de la vida sin problemas, mientras que otras verán afectados sus comportamientos y decisiones por estos traumas.

Las personas resilientes saben cómo maximizar los resultados con lo que tienen a mano. Pueden ver oportunidades donde otros ven problemas y tienen una mentalidad que les permite aprovechar estas oportunidades para su propio beneficio.

Suelen ser optimistas, pero no en exceso. Superan las dificultades sin generar demasiada expectativa en los resultados. También tienen un desarrollo general de su sentido común. De esta manera, pueden interpretar y canalizar los eventos de sus vidas para bien.

¿Cómo impacta la Resiliencia en el deporte?

La resiliencia es una cualidad fundamental en cualquier

deporte. Las lesiones son, entre muchos factores, la mayor adversidad que enfrentará un atleta. Los deportistas tienen que lidiar con el estrés de las competiciones y la presión de ser los mejores en su trabajo. A esto también debemos sumar la preocupación por trabajar con su propio cuerpo y la verdad a menudo oculta detrás de las medallas: el deporte de élite castiga mucho el cuerpo.

Para aquellos que no lo practican profesionalmente, el deporte puede convertirse en una herramienta para entrenar algunos aspectos psicológicos. La resiliencia, entre ellos.

Para los atletas, sin embargo, la mayoría de las presiones son autoimpuestas. También vale la pena reconocer que muchos no tienen otra opción que autogestionarlas. Sin embargo, la obligación de lidiar con estas presiones les proporciona madurez que les permite desarrollar y fortalecer su resiliencia. Así, se convierten en personas comprometidas con una gran determinación. También desarrollan la fe que proviene de haber vivido muchas tormentas y saber que las nubes se retiran.

Pensemos que los atletas sufren lesiones, problemas de rendimiento y enfermedades que pueden dejarlos incapaces de realizar su trabajo. Sin embargo, a pesar de esto, muchos de ellos se recuperan de los contratiempos. Para algunos atletas, superar una lesión puede ser el mayor desafío de sus carreras. No es fácil. A menudo implica un gran esfuerzo físico y mental.

Sin embargo, su fortaleza mental les permitirá mantenerse a flote cuando otros se hunden. Es el producto de su experiencia, pero también un ejercicio de compromiso y perseverancia.

Ejercicios Interactivos

Existen diferentes estrategias para optimizar los niveles de autoconfianza y aplicarlos en el deporte. Aquí hay tres ejercicios específicos que puedes practicar en tu vida diaria. Notarás resultados positivos en poco tiempo, controlando tus ansiedades, reduciendo tus inseguridades y fortaleciendo tu autoestima.

Ejercicio 1: Reconoce las ventajas y desventajas.

Para lograr estabilidad en tu confianza, es necesario saber exactamente qué la moviliza. Toma una hoja de papel y divide la página en dos columnas. Etiqueta la primera columna como "situaciones de alta confianza" y la segunda columna como "situaciones de baja confianza".

En la primera columna, enumera todas las situaciones o circunstancias en tu deporte donde te sientes completamente seguro. Esos momentos en los que sabes que puedes responder adecuadamente serán positivos para proporcionarte más seguridad.

Identificar situaciones que te hacen sentir incómodo/a es el primer paso para construir una mayor autoconfianza. Esto debería haber servido para aumentar tu conciencia de las áreas que necesitan mejora.

Ejercicio 2: Visualiza el enfoque del éxito.

Este ejercicio de visualización recrea el estado mental asociado con un rendimiento deportivo exitoso. Te ayudará a cerrar la brecha entre tu habilidad y tu confianza.

Imagina un gran foco de luz brillando en el suelo. Ahora

piensa en un momento en tu carrera deportiva en el que hayas rendido al máximo de tus capacidades. Piensa y reconstruye cada movimiento que hiciste. Analiza qué produjo un resultado exitoso.

Mirándote desde afuera, examina cada uno de tus cinco sentidos. Visualízate dentro del círculo y destacando. Imagina exactamente lo que "tú" estás viendo, escuchando, sintiendo y oliendo dentro del proceso.

En cambio, en la segunda columna, enumera las situaciones o circunstancias que a veces hacen que tu confianza disminuya.

Ahora, entra en el centro de atención y conviértete en un socio completo para experimentar los eventos a través de tus propios ojos y en tiempo real. Una vez más, nota lo que estás viendo, escuchando y sintiendo. Presta atención exactamente a cómo se siente, para que puedas repetirlo a voluntad cada vez que tu confianza se tambalee.

Ejercicio 3: Explota las debilidades de tu oponente.

Tu oponente tendrá dudas y miedos. Como cualquier ser humano, son susceptibles a la ansiedad, el cansancio y la indecisión. Si pasas tiempo pensando en tus oponentes, concéntrate en qué debilidades y fragilidades podrías explotar más fácilmente.

Estudia las imágenes de tus oponentes y reconoce los factores que influyen negativamente en sus actuaciones. Es posible que no puedan rendir en ciertas condiciones o tengan problemas específicos a considerar.

En deportes de equipo, identifica a los jugadores que se

alteran fácilmente y determina qué los hace enojar. ¿Qué los distrae y los saca de la competencia?

Un claro ejemplo de esta estrategia se experimentó en la Copa Mundial de 2006. El defensor italiano Marco Materazzi, aunque bastante controvertido, utilizó esta técnica en la final del torneo contra su oponente, el francés Zinedine Zidane. Supuestamente insultó a su hermana, lo que provocó una violenta reacción del atleta francés y fue expulsado. Francia perdió a su capitán y sufrió un fuerte golpe emocional. ¿El resultado final? Italia campeona.

Ya tenemos la estructura. Tenemos las herramientas. Ya hemos recorrido un camino de enseñanzas, aprendizajes y cambios. Es hora de cosechar nuestras cosechas.

Llegar al punto en el que nos encontramos es un hito importante. Significa que has logrado cambiar tu mentalidad y transferir ese cambio de perspectiva a tu cuerpo. De esta manera, te dispones, inconscientemente, al éxito.

Estamos siendo honestos con nosotros mismos, conociendo nuestras fortalezas y debilidades, y sabiendo irrefutablemente dónde estamos bien y dónde no lo estamos. A partir de ahí, comenzamos a lograr nuestras metas y generar expectativas realistas.

La mala canalización de la ansiedad también es cosa del pasado. Ya hemos aprendido a reconocerla y usarla a nuestro favor. Y según lo discutido en este capítulo, creer en nosotros mismos y asimilar los golpes de la vida como parte del proceso de aprendizaje es clave. Marca la diferencia.

A continuación, nos sumergiremos en la inteligencia

emocional, la idea de la maduración de nuestra mente y corazón.

La verdad es que, con el paso de los años, cambiamos. Aprendemos, maduramos e incorporamos cosas nuevas que nos hacen (para fines prácticos) personas diferentes.

Un buen nivel de inteligencia emocional debe acompañar esta maduración. Conviértete en el protagonista de nuestra historia. De esta manera, puedes sostener el esfuerzo y mejorar deportivamente.

5

CONVIRTIÉNDOSE EN UNA PERSONA EMOCIONALMENTE INTELIGENTE

Inteligencia Emocional: Una visión general

El concepto de inteligencia emocional (IE) surge como un intento por parte de la psicología de explicar factores de inteligencia que no dependen del intelecto. Trata de explicar esas muestras de capacidad de razonamiento, sentido común y visión panorámica de algunas personas para llevarse bien en la vida y que no están incorporadas académicamente.

Las personas con un inmenso potencial de acción y que han adquirido una adecuada fortaleza emocional. No es conocimiento adquirido en un aula explorando los detalles de la teoría. Más bien, son aplicaciones prácticas día a día.

Debemos pensar en la inteligencia emocional como una construcción de nuestra mente que nos ayuda a comprender cómo podemos procesar e interpretar inteligentemente tanto nuestras emociones como los estados emocionales de los demás. Este aspecto de la dimensión psicológica humana juega un papel fundamental en nuestra forma de socializar y en las estrategias de adaptación al entorno que seguimos.

Tiene que ver con la capacidad de una persona para observar su entorno en relación a las emociones. Implica receptividad, comprensión, generosidad y, sobre todo, empatía. Entender al otro es tan esencial como entenderse a uno mismo. Esa característica de cómo nos relacionamos con los demás, expresando y controlando nuestras emociones, y entendiendo las emociones de los demás, será clave para el éxito.

En aspectos puramente deportivos, la IE será una herramienta fundamental para apoyar al cuerpo y al espíritu en momentos difíciles. Incluso algunos expertos sugieren que puede ser más importante que el coeficiente intelectual en el éxito general en la vida.

En aspectos puramente deportivos, la IE será una herramienta fundamental para apoyar al cuerpo y al espíritu en momentos difíciles. Incluso algunos expertos sugieren que puede ser más importante que el coeficiente intelectual en el éxito general en la vida.

El cultivo de la IE es un camino difícil e interminable porque uno nunca puede ser "totalmente inteligente". La inteligencia es como un músculo que debe ser entrenado todos los días, en todo momento, hasta el final de nuestras vidas.

La información que recopilamos a través de la IE es clave para responder a las demandas diarias. Tanto las personales como las sociales. Hace que los hombres sean versátiles, adaptables y capaces de vivir en sociedad. Objetivos específicos, descansos e impulsos construyen la experiencia que llamamos vida.

Inteligencia Emocional en el Deporte

Las emociones desempeñan un papel vital en nuestra vida diaria. Pensemos detenidamente en la importancia de las emociones en ellas. Rápidamente nos daremos cuenta de que hay muchas ocasiones en las que tienen una influencia decisiva en nuestras vidas, incluso si no nos damos cuenta. Y en el deporte, incorporar la IE como herramienta requiere una práctica consciente y orientada.

Se necesita una conciencia de las propias emociones. Es necesario impulsar nuestras reacciones emocionales y completar o reemplazar el programa de comportamiento con una respuesta orientada al juego y a las necesidades del momento del evento deportivo. Para hacer esto, todo gran deportista persigue metas como perseverar y disfrutar aprendiendo. Construir la autoconfianza y ser capaz de enfrentar las derrotas. Solo así aumentará sus posibilidades de éxito.

El deporte es una forma de aprender inteligencia emocional, y los atletas que manejan estas competiciones mejorarán su rendimiento deportivo. La relación intrínseca entre estas variables hace que la mayoría de los atletas de alto rendimiento se tomen en serio su estado emocional y su salud mental.

Vale la pena decir que cada persona tendrá un dominio diferente de sus emociones. Esta cualidad suele ser muy personal. Hay personas con esta faceta que están significativamente más desarrolladas.

Además, existe una relación inversamente proporcional entre la inteligencia tradicional e inteligencia emocional. Se ha demostrado que algunas personas con alto rendimiento lógico y analítico carecen de las características sociales que significan un buen grado de inteligencia emocional.

Por otro lado, podemos encontrar personas cuyas capacidades intelectuales son muy limitadas. Sin embargo, logran llevar una vida exitosa, tanto en el ámbito sentimental como profesional.

Mejora tus emociones, mejora tu rendimiento

Para incorporar la inteligencia emocional en tu rutina diaria de entrenamiento, debes cumplir con algunos requisitos básicos. Analiza tu propio corazón en busca de los elementos de la inteligencia emocional. De esta manera, el psicólogo Daniel Goleman (un pionero en el estudio de la IE) reconoce cinco aspectos fundamentales a considerar:

-conocimiento de sí mismo o autoconciencia emocional

-control de sí mismo o autorregulación emocional

-motivación personal

-empatía

-habilidades sociales

Para empezar, el autoconocimiento se refiere al conocimiento de nuestros sentimientos y emociones. Entender cómo nos afectan y cuánto influyen en nuestro comportamiento y nuestras decisiones. Identificar cuáles son nuestras capacidades y cuáles son nuestros puntos débiles. Es crucial conocer dónde estamos parados y no exigir más ni menos que eso.

Me conozco lo suficientemente bien como para usar

estos recursos o herramientas, de manera que no llevo mi enojo o frustración a casa. En mi caso, por ejemplo, cuando tengo un mal día en el trabajo, sé que tengo que salir a correr justo después de llegar a casa. Es una obligación porque sé que ahí es donde dejaré mi malestar.

Por lo general, en cuanto llego a casa, saludo a mi familia, me cambio y me voy. No me voy por mucho tiempo porque quiero estar con ellos. No estoy huyendo de ellos, sino tratando de estar bien para ellos. Sé que será peor si me quedo con ellos y no elimino la carga negativa que me tiene angustiado.

Conocerse a uno mismo implica, a veces, ponerse por delante de todos. Priorizar tus necesidades, calmar las demandas de tu cuerpo y luego seguir adelante con la vida.

Por otro lado, el autocontrol emocional nos permite reflexionar y controlar nuestros sentimientos o emociones para evitar ser arrastrados por ellos.

Consiste en saber cómo detectar las dinámicas emocionales y cuáles son temporales y duraderas. Significa ser conscientes de qué aspectos de una emoción podemos aprovechar y cómo podemos relacionarnos con el entorno para quitar el poder de otra que nos perjudica más que beneficia.

Tener una referencia clara de lo que sucede cuando sientes algo específico. Fisiológicamente hablando, ¿qué sucede en tu cuerpo y qué sucede en tu mente? Tu comportamiento futuro dependerá de ello.

Para que haya una reacción, primero debe haber pasado por el filtro del autocontrol emocional. En cierto sentido, buena parte de la regulación emocional consiste en saber cómo gestionar nuestro enfoque de atención.

Además, parte del autocontrol requiere ser capaz de anticipar las consecuencias.

Para dominar la auto-regulación, el lenguaje es una herramienta útil. Encuentra las palabras, la narrativa y la coherencia discursiva para expresarnos claramente.

No dejes cabos sueltos, no dejes nada a la interpretación de los demás. De esta manera, hacemos saber al otro nuestras intenciones y sentimientos. Y le damos espacio para que entre en acción la inteligencia emocional del otro.

La automotivación tiene que ver con la construcción de una adecuada inteligencia emocional. También afecta nuestra capacidad para establecer metas, enfocarnos y mantener el nivel de concentración que nos permita destacar las cosas positivas a lo largo del camino en lugar de las adversidades.

Para lograr esto, debemos partir de una base puramente optimista. Se positivo y toma la iniciativa. Nadie comenzará este camino por nosotros. Es un momento en el que, como seres humanos, debemos actuar y encontrar aquellos factores que mantengan nuestro entusiasmo con el tiempo.

Siempre habrá imprevistos; sin embargo, debes superar estos obstáculos de manera constructiva. Concebirlos como parte del proceso de aprendizaje, como hemos visto que sucede con una mentalidad flexible. Gracias a la capacidad de motivarnos, podemos dejar atrás aquellos obstáculos que sólo se basan en la costumbre o el miedo infundado de lo que podría pasar.

La empatía es fundamental para el correcto desarrollo del ser humano social. Las relaciones interpersonales se basan en interpretar correctamente las señales que otros expresan inconscientemente y que a menudo emiten de manera no verbal.

Reconocer las emociones y sentimientos de los demás es el primer paso para entender e identificarnos con las personas que los expresan. Las personas empáticas son, en general, aquellas que tienen mayores habilidades y competencias relacionadas con la inteligencia emocional.

Una buena relación con los demás es una fuente esencial de nuestra felicidad personal e incluso, en muchos casos, para un buen desempeño laboral. Debemos saber cómo tratar y comunicarnos con aquellos que son agradables o cercanos a nosotros, pero una de las claves de la inteligencia emocional es hacerlo con personas que no nos gustan.

Y es que este tipo de inteligencia está estrechamente relacionada con la inteligencia verbal, por lo que en parte se superponen. Esto puede ser porque parte de la forma en que experimentamos las emociones está mediada por nuestras relaciones sociales y por nuestra forma de entender lo que dicen los demás.

Así, vamos más allá de pensar en cómo los demás nos hacen sentir. Cualquier interacción entre seres humanos tiene lugar en un contexto específico. Tal vez alguien ha hecho un comentario despectivo sobre nosotros porque está celoso o simplemente necesita basar su influencia social en este comportamiento.

La inteligencia emocional nos ayuda a pensar en las

causas que han desencadenado que otros se comporten como lo han hecho. Haciéndonos sentir de una manera determinada en lugar de pensar en cómo nos sentimos y decidir cómo reaccionaremos ante lo que sentimos.

Ejercicios interactivos

Un buen ejercicio para optimizar tus niveles de inteligencia emocional es pensar en las motivaciones detrás de nuestras acciones pasadas.

Tómate un momento y piensa en algo que hayas hecho. No importa si fue hace mucho tiempo. No importa si lo consideras una buena acción o no. Lo importante es cómo te hizo sentir.

Analiza qué sentimientos despertó este hecho y qué mecanismo se activó dentro de ti. Conoce estas variables en tu mente para que puedas anticipar los hechos.

En el deporte, que es lo que nos trae aquí, conocerte a ti mismo te da una ventaja sustancial sobre aquellos que no lo hacen. La inteligencia emocional te permitirá endurecerte en momentos difíciles, especialmente si practicas deportes individuales.

Si ese es el caso, piense en la última competición que perdió. Enfóquese no en sus éxitos, sino en sus fracasos. Haga un esfuerzo consciente por conectarse con lo que sintió en ese momento y forme una idea concreta de cómo funciona su estado emocional.

De esta manera, la próxima vez que esté en un gran partido, sabrá a qué sentimientos prestar atención para evitar lo que lo llevó a perder.

¿Ansiedad? ¿Ira? ¿Frustración? Ya hemos visto cómo

lidiar con esos sentimientos. Tiene en sus manos la posibilidad de incorporar la madurez emocional en su rendimiento deportivo.

En este punto, es necesario dar un paso extra cuando se logran los cambios estructurales que discutimos al principio. Construir nuestra inteligencia emocional optimiza nuestras posibilidades de éxito. Puede significar una fracción de segundo menos que nuestro rival.

Como contraparte de la ansiedad (que podría determinar nuestro fracaso), la inteligencia emocional puede convertirse en la herramienta clave que nos permita tener éxito. A través de ella, podremos fortalecer nuestros comportamientos y avanzar.

A continuación, veremos la importancia de la fortaleza mental. Otro factor significativo en el camino de los atletas de alto rendimiento, y a través del cual la gran mayoría de las grandes estrellas deportivas viven sus vidas.

6

TU OPORTUNIDAD DE INSPIRAR A ALGUIEN MÁS.

"¡Nada es imposible! ¡La misma palabra lo dice: 'soy posible'!"

— AUDREY HEPBURN

Mi objetivo al escribir este libro es inspirarte a lograr lo que puede parecer imposible cuando lo miras de frente. Es para demostrarte que cuando tu mente, cuerpo y corazón están alineados con tus metas, esas cosas que parecen imposibles realmente no lo son, y todo lo que tienes que hacer para lograrlas es empezar.

Espero que ya estés sintiendo esa inspiración, y que, página tras página, estés desarrollando la motivación y la mentalidad que necesitas para tener éxito, no solo en tus metas atléticas, sino en cualquier objetivo que te propongas.

Tu oportunidad de inspirar a alguien más.

La inspiración es poderosa... y esta es tu oportunidad de transmitirla a alguien más.

La belleza está en que no tienes que haber completado tu propia transformación para inspirar a alguien más a comenzar la suya... Todo lo que tienes que hacer es compartir con ellos tu motivación y las cosas que te impulsan.

Y puedes hacer eso ahora mismo simplemente escribiendo unas pocas frases.

Al dejar una reseña de este libro en Amazon, puedes inspirar a alguien más a mejorar su fuerza mental y asegurarte de que cada parte de su ser esté alineada con sus metas atléticas.

¿Cómo? Cuando haces saber a otros lectores cómo este libro te ha inspirado y lo que encontrarán dentro de sus páginas, les mostrarás dónde pueden encontrar la misma inspiración que impulsó tu transformación.

Gracias por ayudarme en mi misión de mostrar a todos que pueden alcanzar sus sueños. La inspiración es una herramienta poderosa; cuando la compartimos, podemos ayudarnos mutuamente a dar los pasos que necesitamos para lograr cualquier cosa que deseemos.

7

FUERTE COMO EL ACERO

La fortaleza mental en los deportistas
Es importante superar el condicionamiento de nuestra propia mente. Algunos deportistas comienzan en sus disciplinas porque descubren que son buenos en ellas. Ganan sus primeras competiciones de niños y comienzan a creer que ganar una competición es innato. Lo cual es parte de sus personalidades.

El potencial atlético de un niño se establece correctamente, tanto a través de sus victorias como de sus derrotas. Esto no es malo en sí mismo, siempre y cuando esté acompañado (y contenido) por el entrenador del atleta. En este sentido, el trabajo del entrenador consiste en hacer que el niño comprenda que el camino es difícil más allá de sus victorias.

Su importancia en los deportes
En el caso de Mariano Varde (antiguo nadador continental), sus comienzos en la natación fueron con sentimientos

encontrados. A temprana edad descubrió que sabía nadar y que era bueno en lo que hacía. Comenzó a establecer buenos tiempos y a vencer fácilmente a sus competidores, sin importar la categoría o el estilo que nadaran.

Sin embargo, con el paso de los años, descubrió que algo estaba mal en él. Había estado practicando su deporte por algún tiempo, cosechando triunfos, creciendo como atleta, pero solo desde la imagen que daba a los demás. La idea de un atleta destacado, incluso desde temprana edad. Un prodigio de la natación. Sin embargo, dentro de él, la realidad era muy diferente.

No solo le resultaba difícil encontrar suficiente motivación (o la necesaria) para concebir este deporte como parte de su vida, sino que en ocasiones, sus deficiencias mentales se agravaban.

Sentía que, en ocasiones, no era él quien estaba nadando. No era él quien saltaba al agua, quien dejaba ese esfuerzo físico y mental en su deporte. Más bien, sentía que nadaba por otros, por todos aquellos que habían depositado sus expectativas, proyecciones y deseos incumplidos en él, un niño.

Llegó un momento en que los demás estaban motivados y él no. Esa situación lo expuso a niveles de ansiedad, presión y angustia, alejándolo del deporte. Los objetivos, expectativas y deseos de triunfo eran ajenos y no coincidían con lo que dictaba su corazón.

A partir de ese momento, Varde se dedicó a disfrutar de su adolescencia. Disfrutando de su juventud lejos del deporte, algo que los jóvenes atletas rara vez pueden hacer.

A los 22 años, después de tocar fondo y no encontrar su camino, una voz interior le dijo que debía volver a nadar. A partir de ese momento, incorporó la natación de nuevo en su vida diaria, y lo hizo motivándose de diferentes maneras.

Primero, decidió tomar el curso de guardavidas. Más tarde, cuando logró entrar en el ritmo de la competición, recuperó su lugar como uno de los mejores nadadores del continente. Solo cuatro meses después de su regreso, ya estaba participando en la final nacional de su estilo.

Continuó su carrera consagrándose varias veces a nivel nacional en diferentes estilos de natación, lo que le permitió desarrollar su vida (sentimental y profesional) siempre al lado de una piscina. Sin embargo, su fortaleza mental no lo acompañó cuando tuvo oportunidades de ascender a niveles continentales y mundiales.

Él reconoce que, en ese momento, no tenía la inteligencia emocional necesaria para vivir con la presión de que los resultados deportivos determinen un trabajo o una beca. La posibilidad de llegar al rango más alto de nadadores lo superó. Sintió de nuevo esa angustia, esa presión y ese peso sobre su espalda. Y dejó de disfrutar de la natación competitiva.

Mariano fue capaz de entender, aplicar y vivir la importancia de la fuerza mental utilizada en los deportes como adulto cuando se convirtió en entrenador del equipo de natación del River Plate.

Utilizó el poder transformador de sus limitaciones cuando pudo liberarse de la presión de sus propios resultados y enfocarse en enseñar a los jóvenes nadadores cómo construir carreras exitosas como atletas.

Un ejemplo claro del poder destructivo de la presión deportiva mal canalizada es el de la nadadora argentina Delfina Pignatiello. Ella estaba luchando por ser una de las mejores atletas del continente, y su falta de fortaleza mental le costó la carrera. Se retiró de las competiciones deportivas cuando tenía solo 22 años para dedicarse a la fotografía.

Ejercicios Interactivos

El viejo proverbio mens sana in corpore sano (mente sana en cuerpo sano) cobra sentido cuando se entiende que la salud debe buscarse de manera integral. La forma más poderosa de combatir la ansiedad es trabajar constantemente en construir su resiliencia y fortaleza mental.

Comience analizando las situaciones que se le presenten. Intente relajarse, piense en ellas con calma y actúe sobre ellas. Será necesario optimizar nuestra atención como herramienta para facilitar el paso entre los momentos de ansiedad.

Por lo tanto, debemos redirigir hacia estos buenos comportamientos en nuestras vidas diarias. Incluso sensaciones como el miedo pueden traer de vuelta momentos en los que hemos fallado y permitirnos ser más cuidadosos.

Trata de enfocarte en los buenos resultados.

Como discutimos en este capítulo, la fortaleza mental será fundamental para el éxito y debe abordarse desde una edad temprana. Explique a los jóvenes deportistas la importancia de considerar el fracaso como parte del proceso de aprendizaje en las etapas iniciales de entrenamiento.

No podremos pedirles que tengan la madurez emocional o la integridad mental de un adulto. Los deportistas adultos, especialmente aquellos que ya están establecidos, han logrado sus objetivos trabajando en este camino largo y arduo con sacrificio y perseverancia.

Si la fortaleza mental flaquea, también lo hará nuestro rendimiento y, comprensiblemente, esta situación nos genera miedo.

A continuación, veremos cómo lidiar con estos miedos, especialmente los miedos más comunes para los deportistas: el miedo al fracaso y el miedo a perderse algo.

8

ENFRENTANDO TUS MIEDOS

Miedo al fracaso

Uno de los momentos más dramáticos y emotivos que se observan durante una competición deportiva es la ejecución de una tanda de penales en las rondas finales de una competición, como en una copa mundial de fútbol.

En esta situación, la tensión va en constante aumento. A veces es posible ver el pánico en los rostros de algunos jugadores e incluso adivinar quién fallará en función del grado de tensión reflejado en su caminar.

. . .

Estas rondas de penales son momentos en los que incluso los mejores jugadores del mundo son capaces de fallar en sus tiros. La tensión que se experimenta en estos momentos abruma incluso a las superestrellas del deporte.

El hecho es que el miedo es una emoción que tiene una influencia decisiva en el rendimiento deportivo. Sus efectos pueden ser devastadores para los atletas. El miedo puede llevar a un atleta exitoso y talentoso a un bloqueo de rendimiento. Perdiendo, incluso por una fracción de segundo, todo lo que saben.

¿Qué es?

El atleta no tiene miedo al fracaso, sino que teme las consecuencias del fracaso. El deseo de triunfar y ser mejor que los demás puede generar tensión, ansiedad y miedo al fracaso.

Asimismo, los principales temores de las consecuencias que los atletas atribuyen al fracaso serían su autoestima, el castigo y la pérdida de su valor social. Por lo tanto, el miedo a sufrir una de estas situaciones lleva al atleta a evitar situaciones que él concibe como peligrosas o decisivas.

. . .

De esta manera, el atleta comienza a jugar condicionado. Presta demasiada atención a no cometer errores y pierde el enfoque en otros aspectos del juego. Esto forma parte de una solución intentada que es disfuncional y contraproducente. El punto es que, debido a esta solución intentada, el atleta cae en su propia trampa.

Síntomas

Si sufres de miedo al fracaso, te darás cuenta de que la ansiedad te impedirá llevar a cabo un buen rendimiento.

El estrés negativo, que se manifiesta debido al miedo al fracaso, hará que no podamos funcionar correctamente. Es por eso que el miedo al fracaso puede llevar a un sufrimiento psíquico considerable.

Sin embargo, es importante distinguir claramente entre el miedo y la ansiedad. El miedo es una emoción que activa, en una fracción de segundo, ciertas respuestas fisiológicas para dar una respuesta de lucha o huida.

Cuando esta reacción física se mantiene en el tiempo más allá de la respuesta inmediata, la llamamos ansiedad. Por lo tanto, se considera un mecanismo de defensa que, en estos casos, puede tener consecuencias negativas.

Existen tres tipos de síntomas atribuibles al miedo al fracaso. Los síntomas físicos, cognitivos y conductuales.

En cuanto a los físicos, son similares a los descritos en el capítulo sobre la ansiedad. Palpitaciones, aumento de la frecuencia cardíaca, falta de aire y una sensación de estar atrapado.

Los síntomas cognitivos tienen que ver con la percepción del miedo y sus consecuencias psicológicas. El miedo al fracaso puede generar culpa interna por no alcanzar una meta y altos niveles de autoexigencia. Puede afectar seriamente el estado de ánimo, la autoestima y la confianza de una persona.

Estos síntomas son personales e internos para cada atleta y, dependiendo de su inteligencia emocional y madurez, tendrán mayores o menores consecuencias psicológicas y físicas.

. . .

Buscar técnicas que te ayuden a avanzar. Establecer un objetivo por el cual hagamos algo que nos gusta, hacer cosas que nos dan placer, y, por lo tanto, el deseo de seguir haciéndolo. Nos ayudará al llevar a cabo una tarea en la que vemos la posibilidad de fallar.

La ansiedad nos lleva a anticipar escenarios que son negativos y nos causan malestar. Siendo realistas, no podemos estar seguros de lo que va a pasar. Evita imaginar posibles resultados y te sentirás mucho mejor.

Ser exigente con uno mismo puede ser bueno, pero deja de serlo cuando interfiere con nuestra salud y bienestar. Niveles muy altos de autoexigencia son extremadamente perjudiciales.

Miedo a perderse algo (FOMO por sus siglas en inglés)

El miedo a perderse algo, también conocido como FOMO, es uno de los nuevos problemas de salud de nuestro tiempo. Ha sido reconocido por los psicólogos como un trastorno que puede llevar a graves problemas emocionales y mentales.

. . .

Desde que las redes sociales irrumpieron en nuestras vidas, estar continuamente conectado a través de nuestros teléfonos móviles puede generar problemas de comportamiento o hábitos que generan síndromes como el FOMO.

Los que sufren este síndrome están constantemente enganchados a su dispositivo móvil o a internet y temen perderse cualquier comentario o evento. Hablamos de esas personas que, cuando están con su teléfono móvil, pasan por todas las redes sociales que utilizan una por una, y en cuanto terminan su recorrido, vuelven a empezar para ver si se perdieron algo en los últimos minutos. También, aquellas personas que están constantemente tocando el botón de actualización.

Así, necesitan conocer a sus seguidores y lo que están haciendo. También creen que, si no les responden de inmediato, se perderán cosas importantes y se quedarán fuera de la conversación. Y esta idea ya les causa angustia, por lo que les resultará difícil desconectar o apartar su teléfono. De esta manera, el FOMO está íntimamente relacionado con el miedo irracional a no tener tu celular.

Entre los síntomas del FOMO destaca el síndrome de la llamada o alerta fantasma, que se refiere a los sonidos ilusorios que se cree que se escuchan del móvil, como la notificación auditiva de un mensaje. Nuestro cerebro se acostumbra tanto al uso del móvil que lo incorpora de tal manera en la vida cotidiana que nos engaña con este tipo de cosas. Por su parte, también está la ansiedad causada por no responder a un mensaje o un comentario de inmediato en cualquier red social.

Otro síntoma es el tiempo excesivo que el afectado pasa en las redes sociales, como Facebook, TikTok, Instagram, Twitter o WhatsApp. Transmiten constantemente lo que están haciendo, dónde están, qué han estado usando, etc.

Esto se combina con tomar fotografías, grabar videos y olvidar vivir el momento. Tanto es así que están constantemente mirando la pantalla durante reuniones familiares, vacaciones, conciertos y horas de trabajo.

Porque la diferencia está ahí: no es un comportamiento puntual a lo largo del día, sino continuo desde la mañana hasta la noche. Este tipo de comportamiento se puede observar en personas que olvidan usar sus ojos cuando graban un video de un evento. No se conectan físicamente con lo que está sucediendo, sino solo a través de la pantalla del teléfono.

Esta forma de actuar suele resultar en reproches del entorno para que aparten el teléfono. Por eso, la persona está de mal humor e irritable y prefiere quedarse sola o aislarse en su habitación en lugar de separarse de la red y perderse algo.

. . .

Los estudios han demostrado que la mayoría de las personas que padecen este síndrome son jóvenes que necesitan constantemente ser aceptados por un grupo. También necesitan sentirse amados y halagados, y a menudo compiten con el resto de sus vidas en las redes sociales para sentirse iguales. O mejor.

De hecho, FOMO causa una distorsión cognitiva por la cual no se aprecia la realidad. La visión crítica de lo que es ficción o un hecho relativo se pierde en un contexto mucho más amplio que desconocemos, el que aparece en la pantalla.

Pero los jóvenes no son los únicos que sufren este problema, y es contrario a lo que se podría pensar. Quienes más sufren de FOMO son personas de cualquier edad con un bajo nivel de satisfacción en su vida y muy baja autoestima. Tienen una tendencia a mantener relaciones de dependencia. Deben recibir likes, cumplidos y comentarios positivos para quererse a sí mismos. Escapan a través de la red de una realidad con la que no están satisfechos.

La solución a este problema es abordar primero la causa que lo ha provocado. El FOMO puede causar ansiedad y depresión y aumentar aún más los problemas de autoestima y las frustraciones que llevan a trastornos de comportamiento. Abandonar las redes sociales o tirar el teléfono móvil no resolverá nada, ya que todo lo que se puede hacer es evitar el problema. Reconozcamos que las redes son parte de nuestras vidas y que, aunque sea solo por trabajo, la mayoría necesita usarlas.

Es necesario cambiar los hábitos de uso del móvil y adoptar un comportamiento adecuado. Ser racional en la gestión de redes, cuidar la autoestima y enfocar los esfuerzos diarios para encontrar un equilibrio en su uso.

Educar con el ejemplo y recordar que el contacto humano, que nos permite conocer las expresiones y emociones del otro sin decir una palabra, es esencial para el desarrollo de los niños y jóvenes. Difícilmente podrán aprender empatía si interactúan a menudo a través de pantallas, incluso cuando están físicamente en la misma habitación o calle.

Sin embargo, si has descubierto que sufres de FOMO, lo mejor es buscar ayuda de un psicólogo profesional, quien te guiará y te dará las herramientas necesarias para superar y gestionar adecuadamente este problema.

Ejercicios interactivos

· · ·

No puedes permitir que el miedo sea el factor que gobierne y controle tu vida, por eso te daremos las mejores formas y consejos para trabajar el miedo a través de la psicoterapia:

Escribe tus miedos en papel: Esta es una actividad muy sencilla. Consiste en garabatear y escribir en una hoja de papel lo que te causa ansiedad.

En el lado izquierdo, escribe palabras, imágenes o frases sobre cosas que te hacen sentir mal o miedo. En el lado derecho, escribe, dibuja o garabatea todo lo que te da una sensación de tranquilidad y luego haz una comparación entre los dos. Cuando descubras que lo que está en el lado derecho te da paz mental, puedes enfrentarlos con seguridad.

Crear protección mental: Una forma sencilla de sentirse seguro y sin miedo es crear seguridad mental a tu alrededor; cuando enfrentes tu miedo, cierra los ojos e imagina que estás dentro de una burbuja o en un lugar tranquilo y pacífico. Acogedor, donde tu miedo no pueda alcanzarte. De esta manera, no tendrás miedo de acercarte a él.

Racionaliza tu miedo: los miedos son irracionales, por lo que darles una lógica te ayudará a analizarlos y comprenderlos: ¿Por qué tienes miedo? ¿Por qué sucede? ¿Es tan malo como parece? ¿Tiene poder sobre ti? Cuando te haces estas preguntas y las respondes, te permitirá reducir el nivel en el que el miedo te influencia.

Según lo que se ha visto en este capítulo, los atletas amateur y profesionales deben enfrentar diferentes miedos a lo largo de sus carreras. Estos miedos e inquietudes pueden ser paralizantes y afectar negativamente su rendimiento.

Para hacerlo, primero es necesario reconocerlos como tales y actuar sobre ellos. Tomarlos como una parte natural del proceso de aprendizaje y tratar de no entrar en pánico.

El tratamiento adecuado de estos miedos será un factor fundamental para enfrentar tiempos difíciles, con determinación y una mentalidad positiva. De esta manera, podemos minimizar las posibilidades de cometer errores típicos de este problema.

Veremos en el próximo capítulo cuáles son estos errores comunes que muchos atletas cometen debido al miedo e inseguridades.

9

ERRORES COMUNES QUE COMETEN LOS ATLETAS

Cuando un atleta no es capaz de mantener su nivel mentalmente, a menudo toma decisiones que, con el tiempo, se demuestran equivocadas. Y este tipo de comportamiento ocurre en cualquier tipo de atleta: amateur, semi-amateur o profesional. Incluso algunos de los mejores atletas de la historia, como el caso que veremos a continuación.

Michael Jordan acababa de ser campeón olímpico con el inigualable Dream Team de Estados Unidos en 1992. Llevó a los Chicago Bulls a su primer triplete de campeonatos de la NBA un año después. A mediados de la década de 1990, era la figura principal del baloncesto en todo el mundo.

Su excelencia en el juego, combinada con su mentalidad ganadora, comenzaba a tomar forma y tamaño, lo situaban en el centro del escenario, no solo dentro de la liga, sino en el mundo del deporte. Su Majestad era un fenómeno de masas en el planeta, alguien completamente trascendental.

Pero, de repente, Michael Jordan se retiró de la NBA y fue a probar suerte en el béisbol profesional.

Su primer retiro se anunció en 1993. ¿Las razones? Hay varias teorías al respecto, pero se cree que tuvo que ver con el asesinato de su padre a los 56 años.

Este evento lo marcó para siempre y se cree que fue decisivo para los siguientes pasos de MJ. El dolor de su partida fue devastador para el atleta.

Lo concreto es que Jordan Sr. era amante del béisbol, deporte que Michael había practicado de niño. Y parte de ese gusto paternal por el deporte llevó a la estrella de los Bulls a probar suerte en otro campo.

Steve Kerr reconoció en The Jump que:

Michael enfrentó todo tipo de escrutinio público. Siempre mantendré que fue a jugar béisbol porque estaba emocionalmente quemado por ese escrutinio que solo él realmente sintió. Ver la vida que tenía que llevar en comparación con el resto era una locura. Creo que había tenido suficiente y necesitaba huir por un tiempo. Cuando regresó, estaba listo para continuar.

Para Jordan, por supuesto, no fue un simple juego para pasar el tiempo. Se involucró completamente en la dinámica del equipo, se entrenó para mejorar y vivió con las críticas de la prensa especializada de la época. Como todo en su vida, puso pasión, trabajo duro y una búsqueda por competir y mejorar para demostrar que estaba a la altura de la tarea.

Jordan hizo algo loco: no estuvo fuera de tono en absoluto, considerando el cambio abrupto y repentino de una disciplina que dominaba a otra que nunca había intentado en ese campo y contexto.

Terminó su breve carrera en el béisbol con un promedio de bateo de .202, que no es el mejor en el frío. Sin embargo, la situación fue mucho más allá de las estadísticas del juego, y se trasladó a las gradas. En esa temporada, los Barons establecieron su récord de público en casa: casi medio millón de espectadores.

Errores de novatos

Hasta que un joven atleta adquiere cierto grado de conocimiento de los detalles de su disciplina, pasa tiempo en el que, muy probablemente, cometerá errores debido a su inexperiencia.

Verás, en todos los deportes y categorías, hay jóvenes atletas que tienen todas las condiciones necesarias para tener éxito y que finalmente lo logran, pero no sin antes cometer algunos de estos errores que mencionamos.

Son comunes y son una parte natural del proceso de aprendizaje. Además, como veremos, incluso los mejores atletas del planeta (consagrados y con toda su carrera resuelta) también se equivocan.

Para minimizar las posibilidades de cometer errores, el joven atleta debe considerar algunos aspectos clave, incluyendo una formación adecuada y la correcta interpretación de cómo crecer como profesional del deporte.

Sin embargo, es esencial enfatizar que equivocarse es humano. Dependerá del carácter del atleta y del enfoque que su entrenador elija para que esta premisa siempre esté sobre la mesa.

A veces, algunos jóvenes atletas no se entregan completamente al entrenamiento. Ya sea porque no realizan correctamente el calentamiento previo o porque no dedican el tiempo necesario al aspecto aeróbico.

Incluso un problema para los jóvenes atletas es equilibrar sus vidas sociales con las competiciones.

Errores de Veteranos

Con el paso de los años y la carrera atlética de un deportista, los aspectos fisiológicos (lógicamente) se ven alterados. El rendimiento disminuye, y el tiempo necesario para recuperarse físicamente aumenta con la edad.

Algunos deportistas expertos luchan contra esto como si fuera posible modificar una realidad inevitable: el paso del tiempo y el deterioro físico y mental son inevitables.

Algunos errores comunes que cometen los deportistas mayores están relacionados con la diferencia entre la edad corporal y mental. Muchos de ellos, internamente, todavía se sienten jóvenes y creen que tienen la capacidad física para responder a las demandas del juego. Sin embargo, el corazón no late como antes, y la masa muscular no es la misma, lo que puede llevar a lesiones graves.

Adaptar el entrenamiento y las demandas físicas a una condición, contexto y edad es esencial. Para ello, deben aprender a escuchar sus cuerpos. Ser conscientes cuando se sienten cansados o cuando la física les obliga a descansar.

El entrenamiento de alta intensidad es la clave. Prepara bien el cuerpo para el trabajo duro mediante el desarrollo de una buena base. Sin embargo, la intensidad también trae cansancio, fatiga y un mayor riesgo de lesiones.

Los músculos no se recuperan como antes. Esto significa tomar más tiempo entre sesiones de calidad y estar muy enfocados en las estrategias de recuperación.

POSTFACIO

A lo largo del libro, hemos pasado por diferentes estrategias para canalizar positivamente las ansiedades en el deporte. Como deportistas, sabemos que las presiones, miedos e inseguridades (propias y ajenas) pueden tener un efecto negativo en nuestro rendimiento.

La idea de esta lectura es que, a través del correcto canalización de estas variables, se puede mantener el rendimiento del atleta a los niveles necesarios para tener éxito en cualquier disciplina que practique.

Para esto, hemos visto que es necesario seguir algunos pasos específicos correlativos entre ellos y donde, si uno falta, el otro puede no cumplirse. Por ejemplo, lo primero y más importante será la mentalidad con la que nos enfrentamos a la práctica de cualquier deporte.

Cuando hablamos de práctica, nos referimos a todo lo que implica la disciplina. El entrenamiento, la preparación mental, el estudio previo de los rivales y las variables dentro del juego. Además, nos preparamos para poder rendir al máximo.

Ser optimista, positivo y flexible será esencial para empezar el camino correctamente. Mantener una posición receptiva respecto al proceso de aprendizaje, lidiar con las opiniones constructivas de los demás y también convertirnos en nuestros críticos más ardientes.

Comenzar entendiendo que nuestra mentalidad marca el ritmo para todo lo demás. A través de ella, podemos lidiar correctamente con la ansiedad generada por los deportes.

Construir un buen nivel de autoestima y conocimiento, y ser arquitectos de nuestro propio destino, y minimizar todo lo que no depende de nosotros y que no podemos controlar son algunos de los beneficios de incorporar una mentalidad ganadora.

También, a través de este logro, entenderemos que fracasar es parte del juego. Eliminar la presión del error será de gran ayuda. Porque en esos casos, cuando el error llegue (y créeme, llegará), podremos lidiar con él sin mayores inconvenientes.

También hemos visto que el error no siempre es nuestro. A veces es de un compañero de equipo o del entrenador, incluso cuando no son errores que surgen en el camino, sino eventos imprevistos o adversidades. Y la vida es lo que sucede entre un evento inesperado y el siguiente.

Por eso, el poder de nuestra mente es esencial. Nuestro cuerpo siempre la seguirá, consciente o inconscientemente, a donde vaya la mente. Controlar la visualización de nuestros objetivos y metas, pensando siempre en escenarios positivos para construir la fuerza necesaria para enfrentar esos momentos. Este libro trata de enseñarnos a identificar la ansiedad deportiva y las diferencias emocionales.

Reconocer los momentos en los que el entusiasmo típico del deporte puede convertirse en ansiedad es fundamental. La ansiedad puede llevar a miedos y comportamientos que no nos favorecen. Creer en tus habilidades y talentos no debe ser un acto de fe. Creer en ti mismo debe responder al respaldo de hechos y evidencias, como todo en esta vida.

Las palabras son livianas; vuelan con el viento. Los hechos, sin embargo, los comportamientos que uno adopta, las decisiones concretas, marcan al sujeto. En una competencia deportiva, pueden ser decisivos.

Estar bien mentalmente, estar en paz con uno mismo, es una parte esencial de todo esto. Es un gran factor para obtener una ventaja sobre tus rivales, que probablemente sean igual de talentosos, dedicados, comprometidos y exitosos que tú.

Una vez que se completa este proceso inicial y tienes estas variables en orden en tu vida, comienza la siguiente etapa de la carrera deportiva. Es la etapa en la que cosechas logros y victorias a través de tu esfuerzo y sacrificio.

Durante este período, entra en juego el poder de la inteligencia emocional. A través de la fuerza de tu mente y corazón, podrás manejar todos los factores con fluidez. Las sesiones de entrenamiento serán momentos de aprendizaje construidos a partir del disfrute. Las victorias serán la guinda del pastel. El toque final de todo el proceso anterior.

Las derrotas serán para reflexionar y aprender de ellas,

entendiendo que son eventos naturales y esperados típicos de todos los deportes. Llegar a este punto no será fácil, te lo digo yo.

Si estás leyendo esto, es probable que ya estés familiarizado con algunas de las estrategias descritas en el libro. Quizás algunas sean completamente nuevas, o las conozcas de oídas pero nunca las hayas probado. Te invito a recorrer este camino de crecimiento personal y profesional con una mente abierta y un corazón dispuesto. Para recorrer este camino, ten en cuenta que será desafiante y pondrá a prueba todas nuestras cualidades y nuestros miedos más profundos.

Hazlo por ti mismo, por tus metas y objetivos. Hazlo acompañado, rodeado de personas positivas. Sé un ejemplo para tus compañeros, inspíralos a sobresalir y presta especial atención al entrenamiento que recibes de tus entrenadores. El resultado será positivo con toda esta estructura psicológica juntas y aplicadas a tu deporte y a tu vida. Siempre, sin excepciones.

Como siempre en la vida, habrá momentos felices y tristes. Grandes victorias y derrotas devastadoras. Pero si mantienes tu entusiasmo, motivación, una meta clara, amor y te aceptas y te conoces a ti mismo, no puedes fallar. ¡Adelante y ve por ello!

10
ES HORA DE PASAR EL TESTIGO

A medida que alineas tu mentalidad con las metas que deseas alcanzar y aprovechas sus poderes para superar todos los desafíos que presenta tu deporte, te pones en una excelente posición para inspirar a alguien más.

Simplemente al dejar tu opinión honesta sobre este libro en Amazon, mostrarás a nuevos lectores dónde pueden encontrar todas las herramientas que necesitan para destacar en su deporte y alcanzar cualquier meta que se propongan.

Muchas gracias por difundir la palabra. Puedes superar cualquier desafío que se interponga en tu camino, y puedes inspirar a alguien más a hacer lo mismo.

BIBLIOGRAFÍA

3 Essential Mindsets for Athletic Success. (n.d.). Psychology Today. https://www.psychologytoday.com/us/blog/the-power-prime/201411/3-essential-mindsets-athletic-success

5 Tips to Mental Toughness in Sports. (2021, July 1). Www.donovanmentalperformance.com. https://www.donovanmentalperformance.com/5-tips-to-mental-toughness-in-sports

6 Fears That Destroy Confidence | Sports Psychology Articles. (2013, October 29). https://www.peaksports.com/sports-psychology-blog/6-fears-that-destroy-confidence-for-athletes/

7 most common training mistakes by masters athletes. (2018, March 27). Pan Pacific Masters Games. https://mastersgames.com.au/ppmg/7-most-common-training-mistakes-by-masters-athletes/

7 Strategies to Help You Become a Mentally Strong Runner During Races. (2014, January 6). Runners Connect. https://runnersconnect.net/visualization-running/

10 Simple Exercises to Help Build Your Mental Toughness. (n.d.). Fatherly. Retrieved September 17, 2022, from https://www.fatherly.com/love-money/mental-toughness-exercises

Arlin Cuncic. (2008a, February 22). *Coping With Pre-Competition Nervousness.* Verywell Mind; Verywellmind. https://www.verywellmind.com/coping-with-precompetition-anxiety-in-athletes-3024338

Arlin Cuncic. (2008b, February 22). *How To Handle Performance Anxiety as an Athlete.* Verywell Mind; Verywellmind. https://www.verywellmind.com/how-do-i-handle-performance-anxiety-as-an-athlete-3024337

Barker, E. (2016, June 7). *This Is The Best Way to Overcome Fear of Missing Out.* Time; Time. https://time.com/4358140/overcome-fomo/

Bettin, A. (2017, October 3). *Avoiding Mental Sabotage Part 6: How to Conquer Your Fear of Failure.* TrainingPeaks. https://www.trainingpeaks.com/blog/avoiding-mental-sabotage-part-6-how-to-conquer-your-fear-of-failure/

Can You Get Stronger By Just Thinking About it? (n.d.). Verywell Fit.

Bibliografía

https://www.verywellfit.com/can-you-build-strength-with-visualization-exercises-3120698

Carol Dweck. (2022, April 20). Wikipedia. https://es.wikipedia.org/wiki/Carol_Dweck

Cherry, K. (2010, April 27). *6 Key Ideas Behind Theories of Motivation*. Verywell Mind; Verywellmind. https://www.verywellmind.com/theories-of-motivation-2795720

Cherry, K. (2021, April 29). *Why Cultivating a Growth Mindset Can Boost Your Success*. Verywell Mind. https://www.verywellmind.com/what-is-a-mindset-2795025

Cherry, K. (2022, August 3). *Overview of emotional intelligence*. Verywell Mind. https://www.verywellmind.com/what-is-emotional-intelligence-2795423

Competition performance: five techniques to help you control anxiety. (2017, February 17). Sports Performance Bulletin. https://www.sportsperformancebulletin.com/endurance-psychology/coping-with-emotions/sports-anxiety-theory-research/

Davidson, A. (2019). *3 Types of Psychological Stress Affecting Athletes In-season - Firstbeat Sports*. Firstbeat. https://www.firstbeat.com/en/blog/3-types-of-psychological-stress-affecting-athletes-in-season/

Does Pressure Affect Performance? | Sports Psychology Articles. (2019). Peaksports.com. https://www.peaksports.com/sports-psychology-blog/does-pressure-affect-your-performance-during-competitions/

Elizabeth Scott. (2021, April 25). *Do You Have FOMO? Here Is How to Cope*. Verywell Mind. https://www.verywellmind.com/how-to-cope-with-fomo-4174664

Emotional Intelligence for Sports Coaches & Athletes | RocheMartin. (n.d.). Www.rochemartin.com. Retrieved September 17, 2022, from https://www.rochemartin.com/emotional-intelligence-sports

Emotional intelligence in sports: The game within the game - BelievePerform - The UK's leading Sports Psychology Website. (2013, May 24). BelievePerform - the UK's Leading Sports Psychology Website. https://believeperform.com/emotional-intelligence-in-sports-the-game-within-the-game/

EndurElite. (n.d.). *5 Powerful Exercises for Increasing Your Competitive Confidence*. EndurElite. Retrieved September 17, 2022, from https://endurelite.com/blogs/free-nutrition-supplement-and-training-articles-for-runners-and-cyclists/5-powerful-exercises-for-increasing-your-competitive-confidence

Fear of Failure (Atychiphobia): Causes & Treatment. (n.d.). Cleveland Clinic.

https://my.clevelandclinic.org/health/diseases/22555-atychiphobia-fear-of-failure

Fear of Failure: Causes & 5 Ways to Cope with Atychiphobia. (n.d.). Choosing Therapy. https://www.choosingtherapy.com/fear-of-failure/

Fixed versus growth intelligence mindsets: It's all in your head, Dweck says | Stanford News Release. (2007, February 7). Stanford.edu. https://news.stanford.edu/pr/2007/pr-dweck-020707.html

Ford, J., Ildefonso, K., Jones, M., & Arvinen-Barrow, M. (2017). *Sport-related anxiety: current insights.* Open Access Journal of Sports Medicine, Volume 8(1), 205–212. https://doi.org/10.2147/oajsm.s125845

Forrester, N. W. (2019, February 22). *How Olympians train their brains to become mentally tough.* The Conversation. https://theconversation.com/how-olympians-train-their-brains-to-become-mentally-tough-92110

Frolli, J. (n.d.). *7 mistakes many athletes don't recognize until they get older.* Blogs.usafootball.com. https://blogs.usafootball.com/blog/694/7-mistakes-many-athletes-don-t-recognize-until-they-get-older

Giandonato, J. (2022, February 10). *The 6 Worst Mistakes Football Players Make in the Off-Season.* Stack. https://www.stack.com/a/off-season-football-mistakes/

Godwin, R. (2019, April 7). *Age is no barrier: meet the world's oldest top athletes.* The Guardian; The Guardian. https://www.theguardian.com/global/2019/apr/07/age-is-no-barrier-meet-the-oldest-top-athletes

Gupta, S., & Mccarthy, P. (n.d.). *Sporting resilience during CoVid-19: What is the nature of this adversity and how are competitive-elite athletes adapting?* https://doi.org/10.3389/fpsyg.2021.611261

Haden, J. (2014, July 23). *7 Habits of People With Remarkable Mental Toughness.* Inc.com. https://www.inc.com/jeff-haden/7-habits-of-people-with-remarkable-mental-toughness.html

Hamilton, A. (2017, February 17). *Sports psychology: self-confidence in sport – make your ego work for you!* Sports Performance Bulletin. https://www.sportsperformancebulletin.com/endurance-psychology/coping-with-emotions/sports-psychology-self-confidence-sport-make-ego-work/

Happy Anxiety: Feeling Anxious About Things You're Excited About. (2019, October 7). Healthline. https://www.healthline.com/health/i-feel-anxious-about-things-i-enjoy#1

How To Cope With Sport Performance Anxiety - Tips And Advice. (2021, July 14). Forth Edge. https://www.forthedge.co.uk/knowledge/how-to-cope-with-sport-performance-anxiety/

Bibliografía

How to do visualization effectively for sports. (2014, December 23). Mental Toughness Trainer. https://www.mentaltoughnesstrainer.com/visualization-techniques-for-sports/

How to Overcome Fear of Failure | Indeed.com. (2019). Indeed.com. https://www.indeed.com/career-advice/career-development/how-to-overcome-fear-of-failure

https://www.facebook.com/jamesclear, & Clear, J. (2013, April 11). *The Science of Developing Mental Toughness in Health,* Work, and Life. James Clear. https://jamesclear.com/mental-toughness

InnerDrive. (n.d.). *9 Ways Olympians Develop Resilience.* Blog.innerdrive.co.uk. https://blog.innerdrive.co.uk/9-ways-olympians-develop-resilience

Institute for Health and Human Potential. (2019). *What Is Emotional Intelligence, Daniel Goleman.* IHHP. https://www.ihhp.com/meaning-of-emotional-intelligence/

Kopp, A., & Jekauc, D. (2018). *The Influence of Emotional Intelligence on Performance in Competitive Sports: A Meta-Analytical Investigation.* Sports, 6(4), 175. https://doi.org/10.3390/sports6040175

Lawton, J. (2021, June 22). *Managing Athlete FOMO.* TrainingPeaks. https://www.trainingpeaks.com/coach-blog/managing-athlete-fomo/

Loder, V. (n.d.). *How To Conquer The Fear Of Failure - 5 Proven Strategies.* Forbes. Retrieved September 17, 2022, from https://www.forbes.com/sites/vanessaloder/2014/10/30/how-to-move-beyond-the-fear-of-failure-5-proven-strategies/?sh=7f09012e1b78

Mahaffey, D. (n.d.). Council Post: *Five Ways To Develop A Winning Mindset.* Forbes. Retrieved September 17, 2022, from https://www.forbes.com/sites/forbescoachescouncil/2017/09/22/five-ways-to-develop-a-winning-mindset/?sh=e5a00444ca2a

Mariama-Arthur, K. (2016, January 25). *Why Every Leader Needs Mental Toughness.* Entrepreneur. https://www.entrepreneur.com/leadership/why-every-leader-needs-mental-toughness/250989

Mariama-Arthur, K. (2017, February 24). *Why Mindset Mastery Is Vital to Your Success.* Entrepreneur. https://www.entrepreneur.com/leadership/why-mindset-mastery-is-vital-to-your-success/285466

Mental Edge: Fear is an athlete's worst enemy. (2019, January 31). USA TODAY High School Sports. https://usatodayhss.com/2019/mental-edge-fear-is-an-athletes-worst-enemy

Mental Toughness Training for Athletes. (2016, March 17). Mental Toughness

Bibliografía

Training for Athletes. Sports Psychology Articles. https://www.peaksports.com/sports-psychology-blog/mental-toughness-training-athletes/

Metrifit. (2020, March 5). *Self Confidence and Performance. Metrifit Ready to Perform*. https://metrifit.com/blog/good-preparation-breeds-confidence/

Milani, J. (2019, April 4). *The Power of Mindset on Sports Performance*. Www.sportsmd.com. https://www.sportsmd.com/2019/04/04/the-power-of-mindset-on-sports-performance/

Mind Tools Content Team. (2009). *Overcoming Fear of FailureFacing Fears and Moving Forward*. Mindtools.com. https://www.mindtools.com/pages/article/fear-of-failure.htm

Mindset: ¿Qué es y para qué sirve? (n.d.). Https://Www.crehana.com. Retrieved September 17, 2022, from https://www.crehana.com/blog/negocios/mindset/

Morin, A. (2019, November 21). *10 Exercises That Will Help You Develop the Mental Strength You Need to Crush Your Goals*. Inc.com. https://www.inc.com/amy-morin/10-exercises-that-will-help-you-develop-mental-strength-you-need-to-cr.html

Olympians Use Imagery as Mental Training. (2014, February 22). The New York Times. https://www.nytimes.com/2014/02/23/sports/olympics/olympians-use-imagery-as-mental-training.html

Peppercorn, S. (2018, December 10). *How to Overcome Your Fear of Failure*. Harvard Business Review. https://hbr.org/2018/12/how-to-overcome-your-fear-of-failure

Prabhu, U. (2022, June 25). *Where the Head goes; Body follows*. Medium. https://medium.com/@urmilastories503/where-the-head-goes-body-follows-2c50d7de6562

Quinn, E. (2018). *Visualization and mental rehearsal can improve athletic performance*. Verywell Fit. https://www.verywellfit.com/visualization-techniques-for-athletes-3119438

Quinn, E. (2021, June 11). *How Keeping a Positive Attitude Can Improve Sports Performance*. Verywell Fit. https://www.verywellfit.com/attitude-and-sports-performance-3974677

Resilience and Overcoming Performance Errors | Sports Psychology Today - Sports Psychology. (2014, July 11). Www.sportpsychologytoday.com. https://www.sportpsychologytoday.com/sport-psychology-for-athletes/resilience-and-overcoming-performance-errors/

Rice, S. M., Gwyther, K., Santesteban-Echarri, O., Baron, D., Gorczynski, P., Gouttebarge, V., Reardon, C. L., Hitchcock, M. E., Hainline, B., & Purcell,

R. (2019). *Determinants of anxiety in elite athletes: a systematic review and meta-analysis*. British Journal of Sports Medicine, 53(11), 722–730. https://doi.org/10.1136/bjsports-2019-100620

Rodriguez-Romo, G., Blanco-Garcia, C., Diez-Vega, I., & Acebes-Sánchez, J. (2021). *Emotional Intelligence of Undergraduate Athletes: The Role of Sports Experience*. Frontiers in Psychology, 12. https://doi.org/10.3389/fpsyg.2021.609154

Rovello, J. (2016, August 23). *5 Ways Katie Ledecky*, Michael Phelps, and Other Olympians Visualize Success. Inc.com. https://www.inc.com/jessica-rovello/five-steps-to-visualize-success-like-an-olympian.html

S.L, S. C. A., & Coordinador. (2021, April 11). *How to respond to athletes' mistakes*. SportCoach. https://sportcoach.es/en/how-to-respond-to-athletes-mistakes/

Sager, J. (2022, December 29). *100 inspirational quotes to keep you inspired in 2022 —You can do hard things! Parade: Entertainment, Recipes, Health, Life, Holidays*. https://parade.com/973277/jessicasager/inspirational-quotes/

Segal, J., Smith, M., Robinson, L., & Shubin, J. (2019). *Improving Emotional Intelligence (EQ)*. HelpGuide.org. https://www.helpguide.org/articles/mental-health/emotional-intelligence-eq.htm

Self Confidence. (n.d.). Www.brianmac.co.uk. https://www.brianmac.co.uk/selfcon.htm

src="https://secure.gravatar.com/avatar/7bb80e48b9bcb1a4b267e5bc973ed817?s=96, img class="avatar" alt="Steve M., #038;d=mm, Jun. 23, 038;r=g" width="50" height="50">Steve M., & 2022. (n.d.). *10 Worst Mistakes in Sports History*. Reader's Digest. Retrieved September 17, 2022, from https://www.rd.com/list/5-worst-mistakes-in-sports-history/

Swaim, E. (2022, March 9). *Why Sports Anxiety Happens and How to Cope*. Healthline. https://www.healthline.com/health/sports-performance-anxiety

Tank, A. (2019, September 6). *How to learn to embrace your anxiety (and turn it into excitement)*. Fast Company. https://www.fastcompany.com/90399444/how-to-learn-to-embrace-your-anxiety-and-turn-it-into-excitement

The Fine Line Between Anxiety and Excitement. (n.d.). Thriveglobal.com. https://thriveglobal.com/stories/the-fine-line-between-anxiety-and-excitement/

The Fine Line Between Fear and Excitement — And How to Cross It. (n.d.). Www.-

linkedin.com. https://www.linkedin.com/pulse/fine-line-between-fear-excitement-how-cross-dani-hao/

The Top 10 - The Biggest Mistakes Endurance Athletes Make. (n.d.). Hammer Nutrition. Retrieved September 17, 2022, from https://hammernutrition.com/blogs/essential-knowledge/10-biggest-mistakes-endurance-athletes-make?_pos=1&_psq=10+biggest&_ss=e&_v=1.0

Top 7 Tips: Beginners Visualization Techniques. (2019, August 21). EnVision. https://envision.app/2019/08/21/top-7-beginner-tips-visualization-techniques/

Vallabhjee, S. (2020, August 5). *How Athletes Can Conquer Sports Performance Anxiety.* I Am Herbalife Nutrition – Achieve Inspiring Results. https://iamherbalifenutrition.com/fitness/sports-performance-anxiety/

Vickers, E. (2014, April 28). *Pressure in sport: How real is it?* - Believe Perform - The UK's leading Sports Psychology Website. Believe Perform - the UK's Leading Sports Psychology Website. https://believeperform.com/pressure-in-sport-how-real-is-it/

Visualization and Guided Imagery Techniques for Stress Reduction. (2015). Mentalhelp.net. https://www.mentalhelp.net/stress/visualization-and-guided-imagery-techniques-for-stress-reduction/

West, C. (2018, November 4). *Emotional Intelligence in Sports: How Does it Help...* Exploring Your Mind; Exploring your mind. https://exploringyourmind.com/emotional-intelligence-in-sports-help-you/

What is Mental Toughness? (n.d.). Www.mentaltoughness.partners. https://www.mentaltoughness.partners/what-is-mental-toughness/

Whitener, S. (n.d.). Council *Post: Anxiety Vs. Relaxation: Relabeling Anxiety As Excitement.* Forbes. Retrieved September 17, 2022, from https://www.forbes.com/sites/forbescoachescouncil/2021/04/07/anxiety-vs-relaxationrelabeling-anxiety-as-excitement/?sh=123f304c7afd

Why Fear of Failure Leads to Tentative Play. (2010, April 28). *Why Fear of Failure Leads to Tentative Play.* Sports Psychology Articles. https://www.peaksports.com/sports-psychology-blog/why-fear-of-failure-leads-to-tentative-play/

Willis, Z. (2019, October 9). *Kevin Love and 6 Other Athletes Who Struggle With Anxiety.* Sportscasting | Pure Sports. https://www.sportscasting.com/kevin-love-and-6-other-athletes-whove-struggled-with-anxiety/

Winning Mentality: 10 Secrets To Developing & Maintaining It. (2021, September 28). Wealthfulmind.com. https://wealthfulmind.com/winning-mentality-secrets-to-developing-it/

www.ingramcontent.com/pod-product-compliance
Lightning Source LLC
Chambersburg PA
CBHW071352080526
44587CB00017B/3074